Ingrid Retterath

DEIN BERGISCHES LAND

MAUS SCHLAUE FREIZEIT TIPPS

DROSTE

Hallo,
schön, dass du da bist!

Warum lausen sich Affen?
Wie wird eine Schere hergestellt?
Wieso spucken Lamas?
Darf auf Bahngleisen geradelt werden?

Auf solche mausschlauen Fragen findest du in
diesem Buch die richtigen Antworten. Antworten,
die dich neugierig machen werden. Und zwar auf
eine Region, in der du viel entdecken und noch mehr
erleben kannst: das Bergische Land. In den Städten
und Dörfern zwischen Wuppertal und Lohmar,
zwischen Bergisch Gladbach und Bergneustadt wirst
du jede Menge Spaß haben. In Museen, in der Natur,
mit spannender Technik und niedlichen Tieren.
Im Bergischen Land geht es für dich zurück bis
in die Steinzeit, hoch hinaus über die Baumwipfel
oder tief in die Erde. Gemeinsam mit deinen Eltern
erforschst du alte Industrieanlagen, Ritterburgen
und eine ehemalige Mülldeponie. Du fährst mit
einem Dampfzug, suchst nach Räuberschätzen im
Wald und streichelst Tiere aus aller Welt.
Und sonst?

Lass dich überraschen!

Geschichte & Museen

Gebäude & Bauwerke

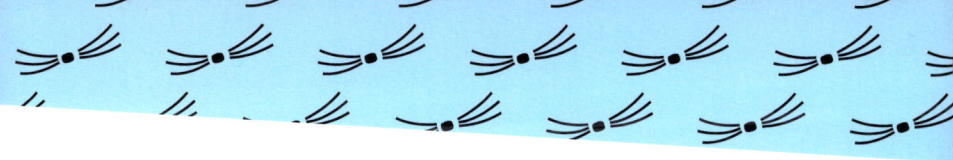

1

Papiermühle Alte Dombach, oder:
WAS HAT ALTE KLEIDUNG MIT PAPIER ZU TUN?

Wenn die Kleidung abgenutzt und löchrig war, wurde sie auch vor 400 Jahren nicht mehr getragen. Zum Wegwerfen waren diese „Lumpen" aber zu schade. Kleider bestanden damals aus Naturmaterial wie Leinen und konnten zu Papier weiterverarbeitet werden. In der Papiermühle kannst du dir das ansehen und selbst Papier schöpfen.

Papier wurde im Laufe der Geschichte aus ganz unterschiedlichen Materialien hergestellt. In der Papiermühle Alte Dombach siehst du im Kellergeschoss, dass eine Zeitlang alte Kleidung dafür verwendet wurde. Die kleinen Stoffstückchen wurden in einem Bottich mit Wasser eingeweicht und mithilfe des Mühlrades zwei Tage lang im Lumpenstampfwerk zu einem gleichmäßigen Brei vermengt und zu Papier verarbeitet. Dazu wurde der Brei noch einmal mit Wasser verdünnt. Durch diese Flüssigkeit zog man einen Holzrahmen mit einem ganz feinen Metallgitter, den sogenannten Schöpfrahmen. Das Wasser floss ab, und zurück blieb eine gleichmäßige Papierschicht, die zwischen Löschblättern gepresst und später auf dem Dachboden getrocknet wurde.

Ein Klopapier-Turm
Bei einem Besuch der Papiermühle siehst du all diese Arbeitsschritte, wenn du durch die Stockwerke gehst. Du wirst staunen, wofür Papier verwendet wird und wie viel Papier jeder Mensch pro Jahr heute benötigt. Achtung, im ersten Museumsraum droht der hohe Turm mit Toilettenpapierrollen auf dich herabzustürzen. Aber keine Angst: Das sieht nur so aus, alles ist sicher befestigt.

Wenn wir schon beim Thema Toilette sind: Wusstest du, wie die Leute nach dem großen Geschäft ihren Po sauber bekamen, bevor es Toilettenpapier gab? Nein? Dann setz dich – die Hose bleibt angezogen! – auf eine der beiden Toiletten in Raum 8 und schau dir den Film über das Po-Abputzen an. Würdest du dafür auch gerne Stroh, Sand, Wasser oder Zeitungspapier benutzen? Wie gut, dass es heutzutage weiches Toilettenpapier gibt!

Im Obergeschoss kannst du Papier selbst schöpfen. Das geht ganz einfach: In dem Bottich mit Wasser schwimmen fein zerkleinerte Holzfasern herum. Nur ein Prozent sind Fasern, deshalb muss diese Mischung mit dem langen Holzlöffel immer wieder gut umgerührt werden. Dann tauchst du den Schöpfrahmen senkrecht in den Bottich, drehst ihn waagerecht und hebst ihn zügig hoch. Das Wasser fließt ab, die Fasern bleiben hängen und bilden ein Blatt Papier. Das wird nun gepresst und mindestens zwei Tage auf dem Trockenspeicher getrocknet. Einen Bottich nennt man auch „Bütt"; die kennst du vielleicht aus dem Karneval von den Büttenrednern. Handgeschöpftes Papier heißt deshalb auch „Büttenpapier"

Papier war früher kostbar!

und ist recht teuer. Weil du aber ein Blatt selbst geschöpft hast, darfst du ein schon getrocknetes Blatt mit nach Hause nehmen. Deins wäre noch zu nass. Je nach Wetter dauert das Trocknen bis zu drei Tage.

Schreiben mit Gänsefedern

Da dieses Verfahren per Hand aber sehr lange dauerte, wurden Maschinen erfunden, mit denen man Papier herstellen kann. Nebenan kannst du an einer Laborpapiermaschine sehen, was innerhalb von wenigen Minuten möglich ist: Das Faserwasser gelangt auf ein Sieb, das nasse Rohpapier wird zweimal gewalzt und dann dreizehnmal gebügelt. Der Zeitgewinn war enorm: Statt zwei Tage brauchte man nur noch vier Minuten. Und weil das immer noch langsam war, wurde weiter getüftelt: Heute benötigen Industriemaschinen 19 Sekunden für fertiges Papier!

Unterm Dach kannst du dir den Trockenspeicher ansehen, wenn es dich in dem dunklen Gebälk nicht gruselt. Gegenüber wartet ein hohes Schreibpult auf dich. Hier kannst du auf geleimtem und ungeleimtem Papier Schreibversuche mit echten Gänsefedern machen. Damit haben die Menschen früher geschrieben. Das ist gar nicht so leicht!

Rund um das Museum lässt sich noch mehr entdecken. Zwischen Museumsladen und Museumscafé steht ein Haus, in dem zwei Papiermacherfamilien lebten. Ganz schön eng muss das gewesen sein. Im Museumsgarten wachsen viele verschiedene Pflanzen, aus denen Papier hergestellt wird. Selbst auf dem Spielplatz „Kleine Dombach" sieht die Rutsche auf den ersten Blick wie ein Mühlrad aus. Auf dem Weg zurück zum Parkplatz stehen rechts des Pflanzenlehrpfades alte Großgeräte aus der Papierproduktion. Und in dem großen Fabrikgebäude am unteren Parkplatz kannst du eine große Papiermaschine ansehen.

Bütten-papier kommt aus einer Bütt !

info

LVR-INDUSTRIEMUSEUM PAPIERMÜHLE ALTE DOMBACH

Alte Dombach/
Ecke Kürtener Straße
51465 Bergisch Gladbach

Tel. (0 22 34) 9 92 15 55
(kulturinfo rheinland)
www.industriemuseum.lvr.de

2 Deutsches Klingenmuseum, oder: WARUM KLINGEN SOLINGER KLINGEN?

Warum klingt „Klinge" fast wie „klingen"? Ganz einfach. Beide Worte kommen von dem gleichen uralten Wort: Was wir heute Schwert nennen, hieß vor fast 1000 Jahren „klinge". Wenn eine Klinge, also ein Schwert, auf einen Helm oder eine Rüstung geschlagen wurde, ergab das ein ganz typisches helles Geräusch: ein Klingen eben. Im Solinger Klingenmuseum kannst du jede Menge Werkzeuge und Kampfgeräte sehen, die alle unterschiedlich klingen.

Scharfe Sachen !

Wer denkt, dass es nur Messerklingen gibt, wird im Klingenmuseum sein blaues Wunder erleben. Im „klingenmuseum für kinder" siehst du Messer, Schwerter und Scheren für die verschiedensten Zwecke. Zum Beispiel so verrückte Dinge wie eine Eierschere. Ein schlauer Zwerg zeigt dir die richtige Klinge für die Arbeiten eines Bäckers, Schusters, Fischers und Messerwerfers. Gleich daneben entdeckst du ein riesiges Messer und eine winzig kleine Pinzette.

Wenn du die Erwachsenen nach deinem Museumsbesuch ratlos sehen willst, frag sie doch mal nach einem „Pölf". Diese findest du in einer der Vitrinen: Die Lieferfrauen holten die Solinger Klingen aus den Werkstätten ab und trugen sie in Körben auf dem Kopf. Um kein Kopfweh zu bekommen, legten sie sich ein hübsch verziertes Kissen auf den Kopf und unter den Korb. Das „Pölf"!

Im Hauptgebäude wird gezeigt, wie aus den groben Steinklingen der Urzeitmenschen im Laufe der Jahrhunderte die

Info

DEUTSCHES KLINGENMUSEUM
Klosterhof 4   Tel. (02 12) 25 83 60
42653 Solingen   www.klingenmuseum.de

verschiedensten Klingen entstanden sind. Ausgestellt sind aber nicht nur Messer, Schwerter und Scheren. Du entdeckst auch Gabeln, Löffel, Brieföffner, Taschenmesser, Sparschäler, Pinzetten, Reisebesteck und medizinisches Gerät.

Und hier noch etwas Wissen für den nächsten Rittergeburtstag: Ein Schwert ist gerade, breit, schwer und lang. Oft muss es mit zwei Händen gehalten werden, um einen Hieb auszuführen. Die Klinge ist an beiden Seiten geschärft, sie ist also zweischneidig. Ein Rapier ist dagegen ein Schwert, das vor allem für den Stich ausgelegt ist. Es hat oft einen aufwendig gestalteten Handschutz. Ein Degen ist eine Waffe zwischen Schwert und Rapier, geeignet für Hieb und Stich. Ein Säbel kann als Hieb- und Stichwaffe genutzt werden; er ist meistens einschneidig und etwas gekrümmt. Ein Dolch ist eine kurze Stichwaffe, die fast aussieht wie ein Messer, aber meist zweischneidig ist.

3

Laurel & Hardy Museum, oder: WORÜBER LACHEN KINDER UND ERWACHSENE SEIT 90 JAHREN?

Dieses Museum ist gleichzeitig ein kleines Kino. Es gibt aber keinen festen Spielplan wie in einem normalen Kino, sondern die Besucher dürfen Wünsche äußern. Oder der Museumsdirektor zeigt einen Film, der besonders gut zu den Besuchern passt, die grade im Museum sind. Also: Vorhang auf und hereinspaziert!

Stell dir vor, du machst eine Zeitreise und gehst im Jahr 1927 ins Kino. Vorne neben der Leinwand steht ein Klavier. Darauf wird gespielt, denn die Filme hatten damals noch keinen Ton. Sie hießen „Stummfilme". Auch Farben gab es noch nicht, die Filme waren in Schwarz-Weiß. Aber sie waren sehr gut!

So gut, dass es dich im Laurel & Hardy Museum gar nicht stört, dass sie schwarz-weiß sind. Wie alle anderen Besucher wirst du dich schibbelig lachen, wie man im Bergischen Land sagt, wenn man sich krumm und schief lacht. Den Namen hat das Museum von Stan Laurel und Oliver Hardy, das waren Komiker in den USA. Sie drehten zusammen 79 Kurzfilme und 27 Spielfilme, zunächst Stummfilme, später auch Tonfilme. Sie werden oft auch Stan & Ollie genannt. In Deutschland kennen wir sie als Dick & Doof. Ollie war etwas dicker und vernünftiger, aber ziemlich wichtigtuerisch. Stan war dünn, ein wenig verträumt und machte immer alles verkehrt. Darunter musste Ollie oft leiden. Wenn Erwachsene über Dick & Doof-Filme sprechen, fällt dir bestimmt der Begriff slapstick auf. So werden Filme ge-

Info

LAUREL & HARDY MUSEUM

Locher Straße 17
42719 Solingen

Tel. (02 12) 81 61 09
www.laurel-hardy-museum.de

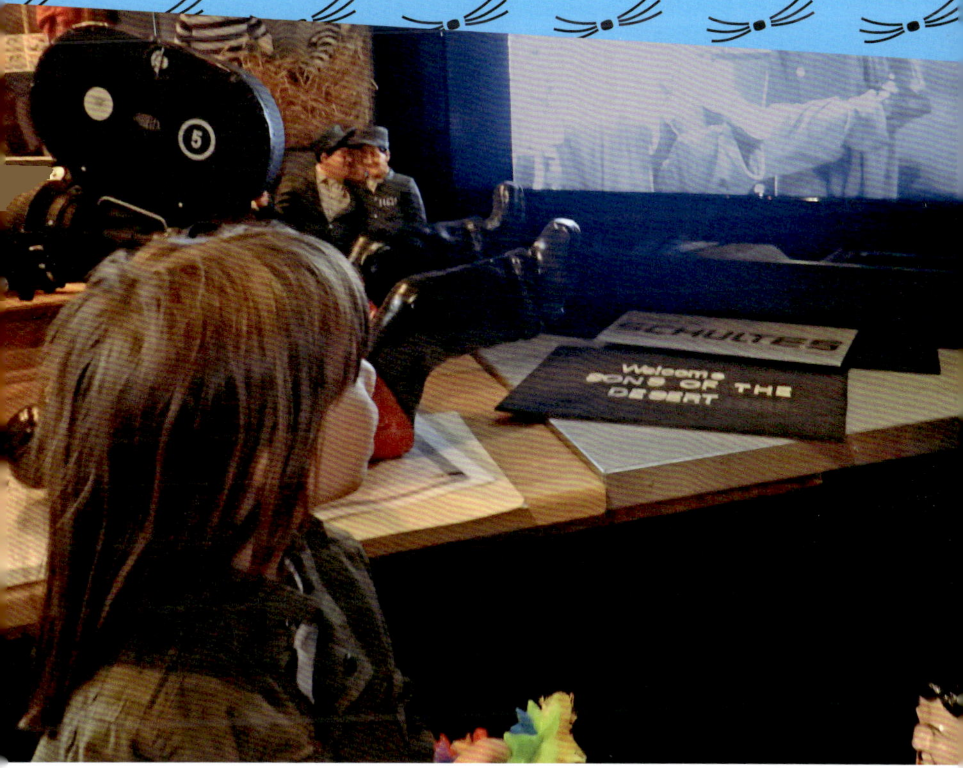
SCHULTES
Welcome
SONS OF THE
DESERT

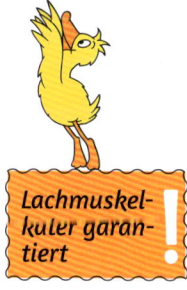

nannt, bei denen etwas Lustiges passiert, das man vollkommen ohne Erklärungen verstehen kann: Jemand rutscht auf einer Bananenschale aus. Oder er will nach einer Fliege schlagen, trifft aber seinen besten Freund.

Lachmuskelkuler garantiert!

In den Filmen von Stan & Ollie führen die einfachsten Aufgaben zu völliger Zerstörung. Stan schafft es so gut wie nie, eine Türklingel zu läuten. Er setzt aus Versehen Ollies Hinterteil in Brand. Mit seinen Löschversuchen macht er es nur noch schlimmer. Wasser ist häufig das Problem. In sehr vielen Filmen steht Ollie irgendwann triefnass in einem Bach, einem Brunnen oder einem Badezimmer – nur weil Stan etwas verkehrt gemacht hat.

Irgendwie geht immer alles schief. Am Ende sind die Möbel kaputt, oder wütende Leute rennen Stan & Ollie hinterher. Und genau das ist das Lustige. Viel Spaß!

Schiefer und Fachwerk, oder:
WIE WERDEN FACHWERKHÄUSER GEBAUT?

**„Weiß wie Schnee, rot wie Blut und schwarz wie Ebenholz."
So wird Schneewittchen im Märchen beschrieben. Fast
genauso könnte man die typischen Häuser im Bergischen
Land beschreiben: schwarz wie Schiefer, weiß wie Hauswände und grün wie Fensterläden.**

Viele Häuser im Bergischen Land sind noch in der klassi-
schen Fachwerkbauweise gebaut und haben ein Schiefer-
dach. Bei manchen ist die Fassade – also die Außenwand
– mit Schiefer verkleidet. Vor allem an der sogenannten
Wetterseite, weil Schiefer die Wand bei peitschendem Regen
besser trocken hält als Lehmputz und auch den Wind besser abhält. Ganz reiche Leute „verschieferten" sogar alle vier
Hauswände.

Nicht jeder hatte Geld für Schiefer, deshalb siehst du
im Bergischen Land viele unverschieferte Fachwerkhäuser.
Aber wie funktioniert das Fachwerk eigentlich? Zuerst wird
ein Ständerwerk aus Holzbalken gebaut. Senkrecht, waagerecht und schräg, um möglichst stabil zu sein. Dazwischen
werden Zweige eingeflochten. Nun wird es matschig. Denn
um die Zweige herum wird eine Mischung aus Lehm und
Stroh geschmiert. Wenn der Lehm trocken ist, wird er weiß
angemalt, die Balken bekommen einen schwarzen Anstrich.
Typisch bergisch sind grün lackierte Türen und Schlagläden. Schlagläden? Du kennst doch bestimmt Rollläden.
Die werden nachts vor den Fenstern heruntergelassen, um
die Bewohner vor Wind, Wetter und neugierigen Blicken
zu schützen. Bevor es diese Rollläden gab, hatten die Leute
Schlagläden an den Fenstern. Sie hingen neben den Fens-

„Schlag-
laden" ist
ein anderes
Wort für
Klapp- oder
Fenster-
laden

tern und wurden nachts zugeklappt. Beim Bauernhaus ist die Eingangstür oft geteilt, sodass man zum Lüften und Herausschauen nur den oberen Teil öffnen muss und die Untertür Hunde und kleine Kinder davon abhält, aus dem Haus zu laufen.

Besonders schöne Fachwerkhäuser kannst du in Odenthal und Nümbrecht-Bruch sehen. Willst du selbst eine bergische Fachwerkwand bauen, kannst du das für dich und deine Freunde im Freilichtmuseum Lindlar buchen.

17

4 Schulmuseum Bergisch Gladbach, oder:

WARUM DURFTEN KINDER FRÜHER IM UNTERRICHT SPUCKEN?

Wenn du bei einem Besuch des Schulmuseums am ersten Sonntag im Monat den Unterricht wie zur Kaiserzeit mitmachen möchtest, meldest du dich besser an und solltest dir vorher die Fingernägel schrubben und die Haare kämmen. Du solltest auch wissen, dass der „Herr Lehrer" und das „Fräulein Lehrerin" großen Wert auf Antworten in ganzen Sätzen legten. Wirst du zum Beispiel gefragt „Wie viel ist drei Mal vier?", rufst du nicht einfach „ZWÖLF!". Wenn du aufgerufen wirst, antwortest du: „Drei mal vier ist zwölf, Fräulein Lehrerin!"

Im Schulmuseum kannst du eine Unterrichtsstunde wie vor über 100 Jahren erleben. Wenn du das alte Klassenzimmer betrittst, werden dir sofort neben dem Lehrerpult ein weißes rundes Blechgefäß und ein viereckiger Holzkasten mit Griff auffallen. Das sind Spucknäpfe. Das hört sich lustig an, hat aber einen traurigen Grund. Die Schulkinder spuckten nämlich, weil sie krank waren.

Ende des 19. Jahrhunderts war eine Lungenkrankheit namens Tuberkulose weit verbreitet. Wer daran erkrankte, musste viel husten. Zu Hause bleiben durften tuberkulosekranke Kinder aber nicht, sie mussten trotz der Erkrankung zur Schule gehen. Damit sich keiner ansteckte, wenn sie ihren ausgehusteten Schleim einfach irgendwohin spuckten, verfügten die Behörden 1891, dass in Klassenzimmern, Fluren und Treppen überall Spucknäpfe aufgestellt werden mussten. „Lehrer und Schüler haben sich der Entleerung ihres Auswurfs lediglich dieser Spucknäpfe zu bedienen" – so

Fibeln sind Bücher für Leseanfänger

steht es in einem alten Dokument, das an die Schule gerichtet war.

Im Schulmuseum kannst du diese Zeit nacherleben. Neben den Fenstern stehen große Rechenrahmen, an der Wand gegenüber hängen alte Wandtafeln. Die Schulbänke stehen dicht aneinander. Stell dir vor, in einem Schulraum wie diesem wurden bis zu 80 Kinder unterrichtet!

Fräulein Lehrerin

Natürlich lernte man hier Lesen, Schreiben und Rechnen. Aber der strenge „Herr Lehrer" und das mindestens genauso strenge „Fräulein Lehrerin" achteten auch auf saubere Fingernägel und ordentliche Frisuren. Wer während des Unterrichts lachte oder mit Tinte kleckerte, wurde bestraft. Es gab Noten für Schönschreiben und Kopfrechnen. Saß ein

Kind nicht aufrecht in der Schulbank oder sprach es ein Gebet nicht mit, wurde es getadelt.

Die alte Lehrerwohnung zeigt, wie früher ein Dorfschullehrer lebte. Er hatte aus dem Wohnzimmer einen direkten Zugang zum Klassenraum, musste also das Haus gar nicht verlassen. Ob sich Lehrer von heute einen solch kurzen Weg zur Arbeit wünschen würden?

Strenge Regeln

In einer Schublade im Wohnzimmertisch liegt übrigens ein altes Strafbuch. Dort findest du: „Emil: 5 Stockschläge wegen Lachens im Unterricht." Oder: „Franz: 10 Stockschläge auf das Gesäß wegen Zerstörung eines Vogelnestes." Schulkinder durften in Nordrhein-Westfalen noch bis 1971 bestraft werden, erst danach war es offiziell verboten. Aber die Eltern wollten schon immer wissen, wofür die Lehrer ihre Kinder bestraft hatten. Deshalb gab es das Strafbuch.

Die Mädchen hatten in der Schule auch Handarbeitsunterricht. Unter den strengen Blicken der Lehrerin lernten sie nähen, stopfen, häkeln, stricken und sticken. Und für die großen Mädchen stand Babypflege auf dem Lehrplan.

Neu eingerichtet ist ein Raum, in dem du den Schulalltag von vor über 100 Jahren selbst erleben kannst: Wie war früher der Schulweg? Was haben die Kinder in der Pause gespielt? Was packte man früher in den Ranzen und was heute? Vielleicht fallen dir die Schulranzen im Eingangsbereich erst beim Verlassen des Klassenraums auf? Einer davon sieht ganz neu aus und könnte von einem heutigen Schüler vergessen worden sein. Bei den etwas älteren Ranzen kann man nicht sehen, von wem sie getragen wurden. Wohl aber bei den ältesten Ausstellungsstücken: Mädchenranzen hatten kurze Klappen und eine Schließe, Jungenranzen hatten lange Klappen und zwei Schließen.

Seit 1919 gibt es die allgemeine Schulpflicht!

SCHULMUSEUM BERGISCH GLADBACH – SAMMLUNG CÜPPERS
Kempener Straße 187
51467 Bergisch Gladbach-Katterbach
Tel. (0 22 02) 8 42 47
www.das-schulmuseum.de

Willst du einmal deinen Namen in einer ganz alten Schrift schreiben? Seit 1900 mussten die Schulkinder immer wieder neue Schriften lernen. Nicht nur Schreibschrift und Druckschrift. Es gab auch ganz verschiedene Schreibschriften, mit denen die Erstklässler anfingen. Schau genau hin und vergleiche:

Kurrentschrift (ungefähr 1910 bis 1920)

Aa Bb Cc Dd Ee Ff Gg Hh Ii Jj Kk Ll Mm Nn Oo Pp Qq Rr Ss Tt Uu Vv Ww
Xx Yy Zz Ää Öö Üü
Schreiben mit der Maus

Sütterlin (ungefähr 1920 bis 1942)

Aa Bb Cc Dd Ee Ff Gg Hh Ii Jj Kk Ll Mm Nn Oo Pp
Qq Rr Ss Tt Uu Vv Ww Xx Yy Zz Ää Öö Üü
Schreiben mit der Maus

Deutsche Normalschrift (1941 bis 1953)

Aa Bb Cc Dd Ee Ff Gg Hh Ii Jj Kk Ll Mm Nn Oo Pp Qq
Rr Ss Tt Uu Vv Ww Xx Yy Zz Ää Öö Üü
Schreiben mit der Maus

Lateinische Ausgangsschrift (1953 bis 1972)

Aa Bb Cc Dd Ee Ff Gg Hh Ii Jj Kk Ll Mm Nn Oo Pp Qq Rr Ss
Tt Uu Vv Ww Xx Yy Zz Ää Öö Üü
Schreiben mit der Maus

Vereinfachte Ausgangsschrift (seit 1972)

Aa Bb Cc Dd Ee Ff Gg Hh Ii Jj Kk Ll Mm Nn Oo Pp Qq
Rr Ss Tt Uu Vv Ww Xx Yy Zz Ää Öö Üü
Schreiben mit der Maus

Wie hast du zu schreiben gelernt? Vielleicht gar nicht mit Schreibschrift, sondern mit Druckschrift? Und deine Eltern oder Großeltern? Vielleicht findest du einen alten Nachbarn oder hast eine Urgroßmutter, die noch Sütterlin gelernt haben. Probiert gemeinsam die verschiedenen Schreibschriften aus!

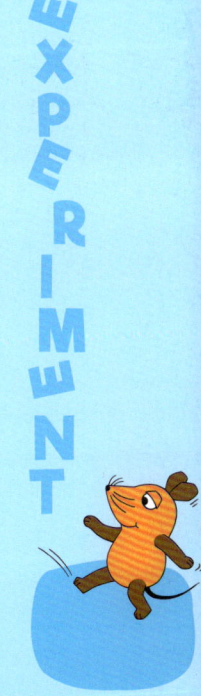

EXPERIMENT

5 Besucherbergwerk Grube Silberhardt, oder: WIE SIEHT EIN BERGWERK VON INNEN AUS?

Vor langer Zeit wunderten sich die Menschen hier in der Gegend, dass manche Steine viel schwerer waren als andere. Also schauten sie genauer nach und fanden heraus, dass in diesen Steinen Metall steckte, und zwar Blei. Das konnten sie gut gebrauchen, denn Werkzeuge und Waffen aus Metall sind viel robuster als solche aus Stein. In der Grube Silberhardt kannst du dir gleich dreifach anschauen, wie die Bergleute in früheren Zeiten gearbeitet haben: in einer Ausstellung, in der Grube und auf dem Bergbauwanderweg.

Metall, das sich noch in einem Stein versteckt, nennt man Erz. Hier in der Grube Silberhardt fand man Steine mit Bleiglanz und mit Silbererz, aus denen Blei und Silber gewonnen wurde. Später kamen Kupfererz und Zinkblende hinzu.

Hunte und Lore

Am besten beginnst du in der 2017 ganz neu eröffneten Ausstellung. Findest du im Museumsraum die schweren Steine, an denen zu erkennen ist, dass sich darin Blei verbirgt? Es ist erstaunlich, wie viele verschiedene Dinge aus Blei gemacht werden. Im Vorführraum gibt es dazu einen kleinen Film. Danach kannst du dich in der Werkstatt umschauen und im Lokschuppen die kleinen Bahnen ansehen, die durch das Bergwerk fuhren. Schau dir die Wagen genau an: Lassen sie sich kippen, sind es Loren. Das waren die fortschrittlichsten Wagen „unter Tage", also im Bergwerk. Bevor man Kipploren einsetzte, wurden „Hunte" benutzt. Nein, das ist kein Tippfehler. „Hunt" ist ein Waggon, in dem das Erz aus der Grube gefahren wurde. Das ging immerhin noch schneller und war nicht so anstrengend wie mit Körben und Säcken. Aber man konnte ihn nicht auskippen, sondern musste den gesamten Inhalt herausheben. Kennst du die Redensart „vor die Hunde gehen", wenn es jemandem ganz schlecht geht? Die geht auf diese Förderwagen zurück: Wenn ein Bergmann schlecht gearbeitet hatte, musste er zur Strafe die Grubenhunte ziehen, also „vor den Hunten" gehen. Und das war sehr anstrengend.

Keinesfalls verpassen solltest du einen Besuch der Grube. Um deine Kleidung nicht schmutzig zu machen und keine Beule am Kopf zu bekommen, holst du dir im Schuppen neben der Werkstatt einen Kittel und einen Helm. Wenn du im Sommer unterwegs bist, wird dir gleich beim Betreten auffallen, wie kühl es in dem Bergwerk ist. Die Sonne kann die Luft in den Stollen und Schächten nicht aufwärmen, es ist deshalb das ganze Jahr über 7 °C kalt. Stell dir vor: Als hier Bergbau betrieben wurde, mussten schon siebenjährige Kinder mithelfen. Bei nasser Kälte und viele Stunden pro Tag! Kinder sind ja kleiner als Jugendliche und Erwachsene, man brauch-

Bergleute grüßen mit „Glück auf!"

te deshalb nicht so hohe Stollen. Lass dir den Stollen zeigen, der genauso hoch ist, dass ein Kind darin laufen kann – und wo sich deine Eltern sehr krumm machen müssen.

Beim Rundgang wirst du spannende Dinge entdecken: In einer Nische steht eine Skulptur der Heiligen Barbara, sie ist die Schutzheilige der Bergleute. Einige Felswände sehen so aus, als sei Blut heruntergeflossen; man spricht von „Bergblut". Zum Glück ist das kein echtes Blut: Rotbraunes Bergblut besteht aus Eisen und Wasser, schwarzes Bergblut aus Mangan und Wasser. Vielleicht will dir der Führer jetzt erzählen, dass es einen Berggeist in der Grube Silberhardt gibt. Als Beweis zeigt er dir den Bart des Berggeistes. Hat er recht, oder sind das nur orange Flechten, also Pflanzen?

Ein Klo unter der Erde

Ganz hinten in der Grube steht ein großer Kübel aus Metall mit Deckel. Ahnst du, wofür der früher benutzt wurde? Er wird auch Abortkübel genannt, das ist ein altes Wort für Toilette. In der Grube gibt es keine Toiletten, aber die Bergleute durften ihren Arbeitsplatz nicht verlassen, um aufs Klo zu gehen. Ganz früher machten sie ihr Geschäft einfach irgendwo im Stollen und scharrten Steine darüber. Das stank so grauslig, dass im 19. Jahrhundert jemand auf die Idee kam, einen Kübel mit Deckel zu benutzen. Nun roch es etwas besser, und es gab weniger Krankheiten. Das Leeren der Kübel haben die Bergleute gerne übernommen; sie erhielten dafür den doppelten Lohn, eine Flasche Schnaps und waren an der frischen Luft. Wenn du nach deiner Erkundungstour durch den Stollen noch Kraft in den Beinen hast, ist der Bergbauwanderweg der richtige Abschluss für deinen Bergbautag. Der Weg ist nur 1,7 Kilometer lang, aber er führt zu 16 Stationen wie Luftschächten, Stollen, Loren und einem Holzkohlenmeiler mit Köhlerhütte.

Bergarbeiter heißen „Kumpel"

BESUCHERBERGWERK GRUBE SILBERHARDT

Eisenbergstraße 29
51570 Windeck-Öttershagen

Tel. (0 22 92) 92 88 87
www.grube-silberhardt.de

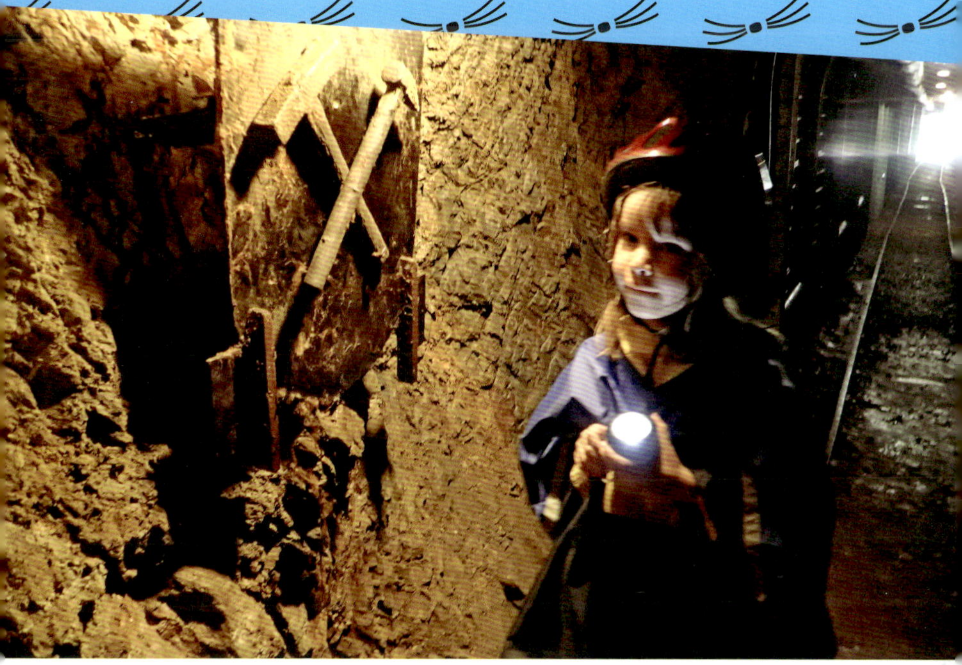

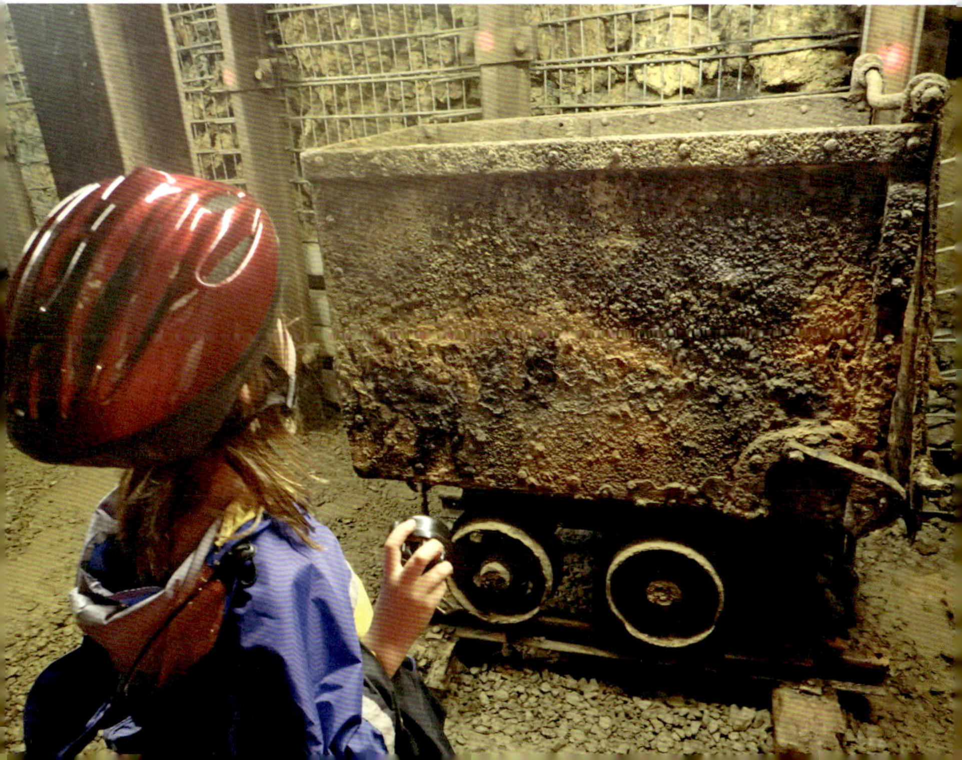

6 Wülfingmuseum, oder: WIE FUNKTIONIERT EINE DAMPFMASCHINE?

In einer Stofffabrik werden viele Arbeiten leichter, wenn sie nicht nur durch Muskelkraft erledigt werden müssen. Deshalb wurden die Webmaschinen in dieser Fabrik auch zuerst mit Hilfe eines Wasserrades angetrieben. Später übernahm eine Dampfmaschine diese Aufgabe. Hier kannst du erleben, wie aus einzelnen Rohstoffen Kleidung wird.

Möchtest du wissen, wie eine Dampfmaschine funktioniert? Wenn du Wasser in einem Topf zum Kochen bringst, entsteht Wasserdampf. Der Topfdeckel klappert, sobald das Wasser kocht, denn der Dampf hat so viel Kraft, dass er den Deckel in die Höhe hebt. Der Deckel fällt zurück auf den Topf und hebt sich erneut, wenn neuer Dampf entweichen will.

Diese Kraft des Wasserdampfes lässt sich sinnvoller nutzen als für lautes Deckelgeklapper. Dazu überlässt man es nicht dem Zufall, wo der Dampf entweicht, sondern lässt ihn nur an einer Stelle durch ein Rohr hindurch. In dem Rohr befindet sich ein Kolben, der durch den Dampf auf und ab bewegt wird – wie der Topfdeckel. Diese Auf-und-Ab-Bewegung kann man in eine Drehbewegung umwandeln, mit der wiederum ein Rad angetrieben wird. So funktioniert die Dampfmaschine, die so viel Kraft hatte wie zehn starke Männer und sogar Strom erzeugen konnte. Gleich hinter der mächtigen Dampfmaschine siehst du den Drehstromgenerator, der von ihr angetrieben wird. Er wandelt die mechanische Energie der Dampfmaschine in elektrische Energie, also Strom, um.

Die Dampfmaschine im Wülfing-Museum wird von freiwilligen Museumshelfern so gut gepflegt, dass du meinen könntest, sie sei funkelnagelneu. In Wirklichkeit ist sie schon uralt und stammt aus dem Jahr 1891.

Eine Maschine mit Geschichte

Als sie in der Tuchfabrik Johann Wülfing & Sohn aufgestellt wurde, bedeutete dies einen riesigen Fortschritt. Zuvor war man nämlich auf den Antrieb mit Wasserkraft angewiesen. Doch führte die Wupper im Sommer zu wenig Wasser oder war im Winter zugefroren, konnte sich das Mühlrad nicht drehen: Die Maschinen standen still.

Mithilfe der Dampfmaschine konnten übers ganze Jahr, unabhängig vom Wetter, Stoffe hergestellt werden. Dazu sagte man damals Tuche, dieses Wort kennst du vom Bett-tuch und vom Tischtuch. Schon 1674 wurde die Tuchfabrik gegründet und schloss erst 1996 ihre Tore. Also über 300 Jahre später. Du kannst also im Wülfingmuseum gleich zwei

Ein Museum zum Anfassen

spannende Entdeckungen machen: wie eine Dampfmaschine funktioniert und wie Stoffe entstanden.

Mach mit

Bei deinem Rundgang kannst du den Weg vom Rohstoff bis zur fertigen Kleidung erleben und dabei vieles selbst ausprobieren. Schafwolle fühlt sich anders an als Baumwolle, Leinen oder Polyacryl. Wie entsteht ein Faden und daraus ein Stoff? Wie unterscheidet sich das Weben mit einem Schulwebrahmen, einem Handwebstuhl und einer Webmaschine? In der Musterweberei kannst du die Weber bei der Arbeit beobachten. Eine der Maschinen arbeitet mit einer Lochkarte, auf der das Webmuster gespeichert ist. Das war früher quasi ein Computerprogramm für die Webmaschine. Lass dir an den Textilprüfgeräten zeigen, wie ein Stoff geprüft wird. Der Stoff wurde vor der Auslieferung gedehnt, geknautscht und so lange auf unterschiedliche Weise gerieben, bis feststand, dass er weder seine Farbe abgibt noch zu schnell durchscheuert oder lästige Knötchen bildet. Das war ein ganz wichtiger Arbeitsschritt, denn die Kunden sollten ja keinen Grund für Beschwerden haben.

Dampf hat viel Kraft !

Info

WÜLFING MUSEUM

Am Graben 4–6
42477 Radevormwald-Dahlerau
an der Wupper

Tel. (0 21 91) 6 92 28 51
www.wuelfing-museum.de

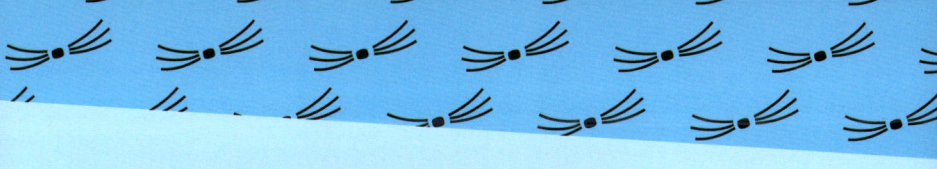

Frage deine Eltern, Nachbarn und oder andere Erwachsene nach Stoffen, die sie nicht mehr brauchen. Schneide aus jedem Stoff zwei Stücke aus: Das eine ist groß wie eine Briefmarke, das andere wie eine Postkarte. Nun sortierst du die kleinen Stoffmuster nach ihren Fasern, wobei dir deine Eltern helfen können:

tierische Fasern	pflanzliche Fasern	künstliche Fasern
Schafwolle	Baumwolle	Polyester
Alpakawolle	Leinen (Flachs)	Polyacryl
Angora (Kaninchen)	Jute	Nylon (Polyamid)
Kaschmir (Ziege)	Viskose	Elastan
Seide (Raupe)	Hanf	Zellulose (Modal/Viskose)

Wie viele verschiedene Fasern hast du gesammelt? Klebe sie auf ein Blatt Papier und schreibe die Namen dazu. Lass genug Platz für weitere Notizen, denn nun geht es ans Experimentieren. Dazu nimmst du die großen Stoffmuster und vergleichst:

1. Wie viel Gramm wiegt das Muster? (Das kannst du am besten mit eurer Küchenwaage herausfinden.)
2. Wie fühlt es sich an?
3. Sind Knitterfalten zu sehen, wenn du es ganz eng zusammenknüllst?
4. Lass etwas Wasser auf den Stoff tropfen. Perlt es ab oder wird es aufgesaugt?
5. Wie lange braucht der Stoff zum Trocknen?
6. Wie lang sind die einzelnen Fasern? (Nimm ein Maßband dafür zur Hilfe)
7. Hast du noch andere Ideen?

Wie du sehen wirst, haben die Stoffe alle unterschiedliche Eigenschaften. Kleidung ist also nicht nur schön, sondern richtig spannend.

EXPERIMENT

7

LVR-Industriemuseum Kraftwerk Ermen & Engels, oder:
WIE KOMMT DER STROM IN DIE STECKDOSE?

Für uns gehört Strom zum Leben wie Luft und Wasser. Hast du schon einmal erlebt, wie hektisch alle durcheinander rennen, wenn irgendwo der Strom ausfällt? Dabei ist es noch gar nicht lange her, dass die Menschen ohne Strom leben und arbeiten mussten. Im Kraftwerk Ermen & Engels kannst du zum „Strom-Forscher" werden und sogar eine Urkunde bekommen.

Die alte Baumwollspinnerei in Engelskirchen ist der richtige Ort, um die Geschichte der Elektrizität zu erforschen. Neben der Fabrik fließt die Agger, ein Fluss mit dessen Wasserkraft anfangs Maschinen angetrieben wurden. Der erste Fortschritt war eine Dampfmaschine, die auch dann Energie lieferte, wenn der Fluss zu wenig Wasser führte. Um 1900 kamen Generatoren hinzu, 1909 folgten die großen Wasserturbinen.

Weißt du, was das ist, eine Dampfmaschine? Darin wird Wasser zum Kochen gebracht. Der entstehende Wasserdampf will mit großer Kraft entweichen, und diese Bewegung nennt man mechanische Energie. Ein Generator wandelt mechanische Energie in elektrische Energie um. Der Dynamo am Fahrrad ist auch ein kleiner Generator. Er macht aus der Bewegungsenergie des rollenden Rades Strom für die Fahrradlampe. Der Strom aus Generatoren wurde früher direkt dort genutzt, wo er hergestellt wurde. Inzwischen wird er durch lange Hochspannungsfernleitungen transportiert und kommt über Umspannwerke und

Info

LVR-INDUSTRIEMUSEUM KRAFTWERK ERMEN & ENGELS

Engels-Platz 2
51766 Engelskirchen
Tel. (0 22 34) 9 92 15 55
(kulturinfo rheinland)

www.industriemuseum.lvr.de
Führungen gibt es an jedem 4.
Sonntag im Monat.

Verteiler bis zum zentralen Verteiler in eurem Haus. Von dort wird er über alle Steckdosen und Stromanschlüsse in der Wohnung verteilt.

Vom Keller des Museums aus folgst du dem Weg des Stroms hinauf zur Schalttafel in den ehemaligen Spinnsälen. Riesige Hebel mussten umgelegt werden, wenn an der Schalttafel der Strom in der Fabrik und den Nebengebäuden verteilt wurde. Wenn du mehr Erklärungen haben möchtest, bekommst du sie am vierten Sonntag im Monat, dann gibt es Führungen. Besonders spannend ist die FamilienForscher-Tour am dritten Sonntag im Monat, auf der es knifflige Rätsel zu lösen und viel zu experimentieren gibt. Als Belohnung bekommst du sogar eine Urkunde.

Auf dem Engels-Platz warten auf dich 19 Schatzkisten und ein Reliefplan des früheren Firmengeländes. Mit dem Smartphone kannst du die QR-Codes der Schatzkisten scannen und alles zu Hause in Ruhe nachlesen. Sie erzählen von der Baumwollspinnerei, den Arbeitsbedingungen im Aggertal und dem Firmengründer Friedrich Engels. Die Geschichte der Fabrik kannst du auch mit der Geocache-Rätselrallye, also einer Schatzsuche mit GPS-Empfänger, erkunden.

Hier geht dir ein Licht auf !

8

Röntgen-Museum, oder:
WIE KANN MAN IN EINEN MENSCHLICHEN KÖRPER GUCKEN?

Wer sagt, das Thema Röntgenstrahlen sei zu kompliziert für Kinder? Im Röntgen-Museum wird das Gegenteil bewiesen. Die Mini-Club-Führungen sind nicht nur speziell für Kinder, sie werden sogar von gut geschulten Kindern geleitet. Dazu musst du dir nur den ersten Sonntag im Monat im Kalender anstreichen.

Zufällig beim Experimentieren entdeckt

An anderen Tagen empfiehlt sich eine Audioguide-Führung für Kinder. Fritz, die Museumsmaus, erklärt dir bei eurem gemeinsamen Rundgang alle wichtigen Ausstellungsstücke. Lass dir für deinen Rundgang an der Kasse das Forscherheft geben, die kniffeligen Fragen führen dich in die unterschiedlichsten Winkel des Museums. Danach kennst du dich mit dem Röntgen aus und weißt sogar, wie ein Computertomograph und ein Kernspintomograph funktionieren. Du wirst sehen, dass so ziemlich alles schon einmal geröntgt wurde: Menschen, Tiere, Kristalle, Koffer, Kunstwerke, Fossilien, Uhren und noch viel mehr.

Eine Zufalls-Erfindung

Vielleicht warst du schon einmal beim Arzt zum Röntgen und hast dich gefragt, warum diese Untersuchung so einen komischen Namen hat. Wilhelm Conrad Röntgen hat die Röntgenstrahlen in der Nacht vom 8. November 1895 durch Zufall entdeckt: Eine neue Art von Licht konnte durch Gegenstände und Körperteile leuchten, ohne diese zu verletzen. Wie gut, dass der Forscher gerne fotografierte. So konnte er seine Entdeckung sofort auf Fotos festhalten und leichter beweisen. Die durchleuchtete Hand seiner Frau ist bis heute eine seiner bekanntesten Aufnahmen.

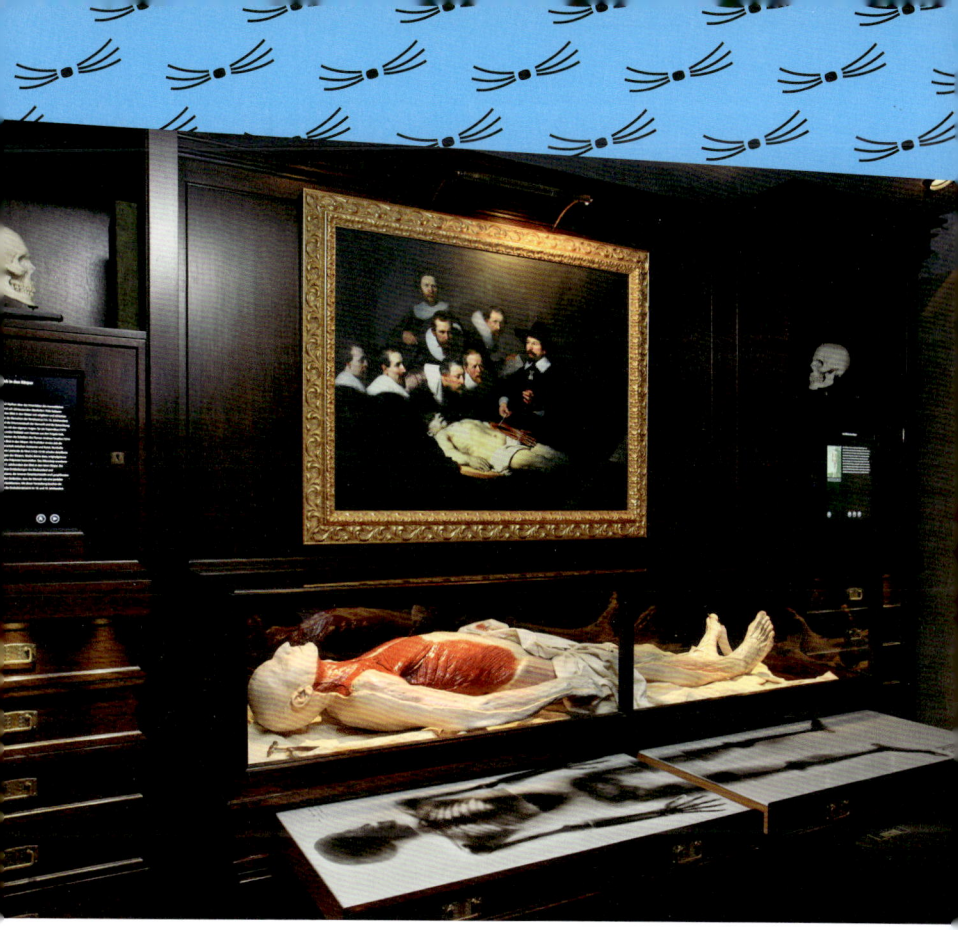

Er selbst nannte seine Entdeckung X-Strahlen. Das kannst du dir für den Englisch-Unterricht merken, denn in Englisch heißen Röntgenstrahlen immer noch X-rays. Nach der Vorstellung seiner Entdeckung waren die Zuhörer so begeistert, dass man zu seinen Ehren nur noch von Röntgenstrahlen sprach. Die Leute fanden die Entdeckung so interessant, dass bald auf Partys Röntgenapparate aufgestellt wurden, um aus Spaß den ganzen Abend lang Aufnahmen von Körperteilen der Gäste zu machen. In aller Welt war man glücklich, dass man nun in einen Menschen hineinschauen konnte, ohne ihn aufschneiden zu müssen. Das wird auch dir so gehen. Fällst du zum Beispiel auf den Arm, kann der Arzt von außen gar nicht sehen, ob der Arm gebrochen ist. Dann hilft eine Röntgenaufnahme. Manchmal muss ein Kind auch durchleuchtet werden, das aus Versehen eine Münze oder eine Murmel verschluckt hat. Das ist wirklich gefährlich, also bitte auf gar keinen Fall selbst ausprobieren!

Blei schützt

Röntgen tut nicht weh. Du merkst gar nicht, dass die Strahlen durch deinen Körper leuchten. Ohne Grund wird trotzdem nicht geröntgt, denn inzwischen weiß man, dass zu viele Röntgenstrahlen gefährlich werden können und krankmachen. Deshalb tragen Ärzte und Schwestern, die röntgen, eine Bleischürze – denn Blei können die Strahlen nicht durchleuchten. In der heutigen Zeit weichen Ärzte deshalb bei bestimmten Untersuchungen auch gerne auf Ultraschall aus, weil der ungefährlicher ist.

Das Beste an diesem Museum ist, dass du nun vor all diesen Untersuchungen gar keine Angst mehr haben musst. Solltest du also mal geröntgt werden müssen, weißt du jetzt, wie es funktioniert.

Nobelpreisträger 1901: Wilhelm Conrad Röntgen

Info

DEUTSCHES RÖNTGEN-MUSEUM
Schwelmer Straße 41
42897 Remscheid

Tel. (0 21 91) 16 33 84
www.roentgenmuseum.de

Natürlich können wir nicht mit echten Röntgenstrahlen experimentieren. Das wäre viel zu gefährlich. Aber mit einer Taschenlampe und einem Schuhkarton können wir einen Eier-Röntgen-Apparat bauen, mit dem du rohe Eier durchleuchten kannst:

Dein Experiment machst du in einem Raum, den du vollkommen verdunkeln kannst. Vielleicht ist das ein Kellerraum, die Speisekammer, das Gäste-WC oder ein Zimmer mit Rollladen.

In den Deckel des Schuhkartons schneidest du ein ovales Loch. Schneide etwas kleiner aus, als dein Ei groß ist. Dann wird es fast vollständig durchleuchtet, kann aber nicht durch das Loch fallen. Nimm nun eine Taschenlampe, knipse sie an und lege sie so in den Schuhkarton, dass der Lichtstrahl genau auf das Loch fällt. Dazu musst du die Lampe vielleicht mit einem Polster aus Küchenrolle, Bauklötzen oder anderen Dingen in die richtige Position bringen.

Nun machst du das Licht im Raum aus, legst das Ei auf das Loch und schon kannst du es dir von innen ansehen. Du erkennst den kugelrunden Dotter, also das Eigelb. Große Eier haben manchmal sogar zwei Dotter. Wenn du Landeier untersuchst, entdeckst du vielleicht einen kleinen dunklen Fleck. Daran erkennst du, dass das Ei befruchtet wurde.

EXPERIMENT

9

ENGEL-MUSEUM, oder: KÖNNEN ALLE ENGEL FLIEGEN?

Sind wir mal ehrlich: Selbst wenn wir uns wünschen, dass es wirklich Engel gibt und fest daran glauben, ist es unwahrscheinlich, dass sie auch fliegen können. Die meisten Engel scheinen viel zu schwer zu sein für die zarten Flügel, die sie auf dem Rücken haben. Auf der Museums-Rallye entdeckst du die schönsten, kleinsten, größten, schwersten und leichtesten Engel.

Wenn dir Engel begegnen, hängen sie im Weihnachtsbaum oder sie stehen, sitzen oder liegen auf einem Schrank. Im Engel-Museum ist das ganz genauso. Die Decke ist hellblau gestrichen, und von diesem Himmel mit Wölkchen hängen 200 Engel an Schnüren herab. Andere Engel hängen als Bilder an der Wand oder stehen in Vitrinen und auf dem Boden. Auf Gemälden sieht man sie manchmal fliegen. Vielleicht können sie es ja wirklich, und es hat sich nur jemand vertan. Wie bei den Hummeln, von denen behaupteten die Wissenschaftler ja auch immer wieder, dass sie rein rechnerisch gar nicht fliegen können dürften.

Bei deinem Besuch in diesem Museum kannst du dir selbst eine Meinung dazu bilden. Eine Museumsrallye führt dich zu den schönsten Engeln, und du wirst jede Art von Engeln antreffen. Insgesamt sind es über 16.000 Stück. Findest du bei deinem Rundgang den leichtesten, den schwersten und den größten Engel? Du begegnest den Engeln und Erzengeln aus der Bibel, siehst Weihnachtsengel und machst dir vielleicht sogar Gedanken über deinen eigenen Schutz-

info

ERSTES DEUTSCHES ENGEL-MUSEUM ENGELSKIRCHEN
Engels-Platz 7   Tel. (0 22 63) 9 52 58 85
51766 Engelskirchen   www.engel-museum.de

engel. Du wirst sehen, wie wichtig vielen Menschen Grab-
engel sind und erfährst, was ein Todesengel ist. Damit es
aber nicht traurig wird, gibt es die Abteilung für ganz verrückte Engel. Hast du geahnt, wie oft Engel in der Werbung
vorkommen?

Ganz besonders freundlich ist der Original Engelskirchener Engel, das ist ein Schutzengel. Ein recht großes Ex-
emplar hängt außen an der Hauswand des Museums und
leuchtet nachts. In fast allen Religionen glauben die Menschen an Schutzengel, die sie im Alltag begleiten und be-
schützen.

In der alten
Schlosserei
von 1860

10

Neanderthal Museum Mettmann, oder:
WAR DAS LEBEN IN DER STEINZEIT HART?

Vor langer Zeit lebten Tiere auf der Erde, aus denen sich die Affen und die Menschen entwickelten. Anfangs hatten die Menschen noch am ganzen Körper Haare und waren nur etwas größer als einen Meter. Man nennt sie „Frühmenschen". Eine Frau aus dieser Zeit wurde in Afrika entdeckt und Lucy genannt. Im Neanderthal Museum kannst du sie treffen.

Natürlich ist sie nicht echt, aber so gut nachgebildet, dass sie dir aus der Ferne echt vorkommen wird. Auch andere Urzeitmenschen stehen hier. Umso näher sie mit uns modernen Menschen verwandt sind, desto größer sind sie. Sie laufen nicht nur aufrechter und wirken dadurch größer. Durch kleine Veränderungen der Gene und bessere Ernährung wurden sie tatsächlich größer. Ein wichtiger Urmensch ist der homo erectus, weil sich aus ihm der Neandertaler und der moderne Mensch entwickelt haben. Der Neandertaler ist besonders oft zu sehen. Kein Wunder, immerhin besuchst du das Neanderthal Museum! Nicht weit entfernt vom Museum wurden 1856 Teile eines Skeletts entdeckt. Genaue Untersuchungen ergaben, dass diese Knochen zwar von keinem Jetztzeitmenschen stammten, wohl aber von einem nahen Verwandten. Dieser Urzeitmensch wurde nach dem Tal benannt, in dem er gefunden wurde.

Forscherboxen

Kawiuk, ein Steinzeitkind, erklärt dir sein neandertalermäßiges Leben auf Tafeln und an Mitmach-Stationen. Findest du das Bild von Kawiuk neben einer Kopfhörer-

Steckdose für die Audio-Führung, kannst du dort eine Erklärung für Kinder hören. Spannend sind zudem die Forscherboxen, an denen du Türen öffnen und Schubladen aufziehen kannst. Verbirgt sich dahinter eine Frage oder Aufgabe? Oder du siehst in eine Schublade mit zwei Schädeln und kannst die Unterschiede zwischen dem modernen Menschen (homo sapiens sapiens) und dem Neandertaler (homo neanderthalensis) erforschen.

Du wirst staunen, wie wenige Unterschiede es gibt. Der Neandertaler war stärker, etwas kleiner als wir, und sein Kopf hatte eine andere Form. Das meiste andere war gleich: Er ging aufrecht, jagte Tiere mit Speeren und aß gerne Fleisch. Er kümmerte sich um Kinder, Kranke und Alte. In einer Forscherbox siehst du, dass die Neandertaler sogar Knochenbrüche versorgten. Wahrscheinlich würdest du

DoggyDay: am 1. Freitag im Monat darf dein Hund mit ins Museum !

einen Neandertaler gar nicht erkennen, wenn er in einem Anzug in der Fußgängerzone stehen würde. So gibt es viele Besucher, denen bei dem Anzugträger am Geländer des Museums zuerst das Steinwerkzeug in seiner Hand auffällt und dann erst sein Aussehen …

Kluge Vorfahren

Manchmal wird gesagt, dass Neandertaler ein bisschen dümmlich waren und mit riesigen Keulen aufeinander eindroschen. An keinem Fundort von Neandertalern ist jemals auch nur ein Hinweis auf eine Keule gefunden worden. Außerdem hätte man Knochenbrüche am Schädel und am Brustkorb finden müssen, doch die meisten Knochenbrüche gab es an Armen und Beinen – was eher bei Jagdunfällen üblich ist. Die Neandertaler waren schlau. Sie konnten sprechen und legten ihren Toten ausgewählte Gegenstände mit ins Grab. Sie bauten und benutzten verschiedenste Werkzeuge: scharfe Messer und Schaber aus Stein, Speere aus Holz, Kleber aus erhitzter Birkenrinde (Birkenpech) und kleine Stäbchen aus Tierknochen. Damit machten sie Leder weicher und wasserbeständiger. Materialien wurden auch kombiniert: An einen Holzspeer klebten sie mit Birkenpech eine Speerspitze aus Feuerstein und umwickelten diese mit einer Tiersehne. Wenn diese trocknete, hielt die Spitze perfekt in dem Speer. All ihr Wissen gaben sie in Erzählungen an ihre Kinder und Enkel weiter.

Neandertaler nutzten die Felle erlegter Tiere als Kleidung oder machten Lederbehälter daraus, in denen sie über offenem Feuer kochten. Ja, Feuer machen konnten sie auch: Sie „bohrten" Feuer, wie es die Pfadfinder heute noch tun. Dabei wird ein Stab in Holz gebohrt, wodurch Reibung, also Hitze, und letztendlich Feuer entsteht. Oder sie „schlugen" Feuer mit einem Feuerstein.

STIFTUNG NEANDERTHAL MUSEUM

Talstraße 300   Tel. (0 21 04) 9 79 70
40822 Mettmann   www.neanderthal.de

An einer Mitmachstation kannst du Nüsse mit einem Stein knacken, an einer anderen Station probierst du einen Handbohrer aus, wie ihn auch Kawiuk benutzt haben könnte. Zum Schluss machst du noch ein Foto von dir und deinen Verwandten. Damit sind nicht nur deine Eltern und Geschwister gemeint, sondern auch Lucy, homo erectus und Neandertaler. An einem Bildschirm kannst du sogar herausfinden, wie viel Steinzeitmensch in dir steckt.

Vor oder nach dem Museumsbesuch solltest du dir unbedingt auf der Homepage des Museums die Kinderseiten mit Kawiuk ansehen. Dort findest du Anleitungen für Lederbeutel, Feuerbohrer und Steinzeitbohrer, Ausmalbilder und viele weitere Informationen über das Leben in der Steinzeit.

Feuer kann man bohren oder schlagen !

11

Müngstener Brücke und Brückenpark, oder:
WO KANNST DU EINE FÄHRE ÜBER DIE WUPPER SCHWEBEN LASSEN?

Zwischen Solingen und Remscheid ist das Bergische Land besonders bergig, dazwischen fließt die Wupper tief in ihrem Tal. Um die beiden Städte mit der Eisenbahn zu verbinden, musste deshalb eine ganz besondere Brücke gebaut werden. Die Wupper plätschert seitdem 107 Meter unterhalb der Züge. Hier gibt es außerdem eine Fähre ganz ohne Motor, auf der du zeigen kannst, wie stark du bist.

Die Müngstener Brücke ist die höchste Eisenbahnbrücke Deutschlands. Seit ihrer Einweihung im Jahr 1897 kommen Eisenbahnfreunde und Technikfans aus aller Welt ins Tal der Wupper, um diese riesige Stahlkonstruktion zu bestaunen – sogar aus Amerika und Australien. Da wundert es dich nicht, dass man dieser berühmten Brücke 1997 eine eigene Briefmarke widmete.

Doch der Brückenpark Müngsten bietet viel mehr als den entfernten Blick auf eine Eisenbahnbrücke: Im steilen Hang gibt es einen Spiel- und Bewegungspfad mit Himmelsleiter, Wackelschafen, Kletternetz und Kurvenrutsche. Unten im Tal toben Hunde durch das Wasser der Wupper. An schönen Tagen wird Minigolf gespielt, oder man liegt einfach in der Sonne. Am Haus Müngsten findest du auf Metallpodesten übrigens zehn Rätsel. Genau die gleichen Rätsel sind als Antwortstationen über den ganzen Park ver-

Info

SCHWEBEFÄHRE IM BRÜCKENPARK
Müngstener Brückenweg 71
42659 Solingen

Tel. (02 12) 2 44 36 85
und (01 72) 4 59 95 09
www.brueckenpark-muengsten.de

teilt. Wenn du dich mit einem Erwachsenen oder mehreren Kindern auf solch ein Podest stellst, verrät dir eine Stimme die Antwort und liefert noch eine kleine Zusatzgeschichte zum jeweiligen Thema.

Für viele Besucher ist die Schwebefähre der Höhepunkt ihres Besuchs im Brückenpark: Auf zwei stramm gespannten Stahlseilen schwebt die Fähre über die Wupper. Vollkommen ohne Strom oder Benzin, sie wird ausschließlich mit Muskelkraft betrieben: Die vier kräftigsten Passagiere helfen dem Fährmann, selbstverständlich dürfen auch Kinder anpacken! Dazu müssen sie zwei Metallstangen herunterdrücken. Auch Kinderwagen, Fahrräder und Hunde werden auf diese Weise transportiert.

Bekannt in aller Welt !

Bergisches Land, oder: WARUM HEISST ES NICHT BERGIGES LAND?

Das Bergische Land ist überall so bergig, dass man beim Radeln oder Wandern schon mal aus der Puste kommen kann. Die Bezeichnung „bergisch" soll aber gar nicht die Form der Landschaft beschreiben, sondern stammt noch aus der Ritterzeit.

Die Grafen von Berg lebten östlich von Köln und errichteten ihre Schlösser und Burgen auf ihren Ländereien. Wenn jemand davon sprach, nannte er sie die „Berg'schen Ländereien" oder das „Berg'sche Land". So sprach man damals. Wenn der Herr Ohm ein physikalisches Gesetz entdeckte, wurde es „Ohm'sches" Gesetz genannt. Die Pulverfabrik von Familie Schwarz war die „Schwarz'sche Pulverfabrik". Heute würde man eher „das Gesetz von Ohm" und „die Pulverfabrik Schwarz" sagen.

Bei genauem Hinsehen gibt es aber doch eine Verbindung zu den Bergen: Das Herzogtum Berg hieß ursprünglich Ducatus Montensis, weil man vor 1000 Jahren noch alle Urkunden in Latein verfasste. Das lateinische Wort mons bedeutet „Berg" und montensis heißt „bergig".

Das Herzogtum bestand vom 11. bis ins 18. Jahrhundert. Der Herrschaftssitz war zuerst die Burg Berge im heutigen Odenthal-Altenberg, später Schloss Burg an der Wupper bei Solingen und ab dem 14. Jahrhundert Düsseldorf. Die heutige Landeshauptstadt hat also eine lange Geschichte als Regierungssitz.

Info

SEILBAHN BURG
Bergstation Schlossplatz 17

Talstation Hasencleverstraße 2
www.seilbahn-burg.de

Am Ende schließt sich der Kreis: Die ersten Grafen benannten sich nach dem Mittelgebirge, in dem sie lebten. Und später wurde das Mittelgebirge nach dem Grafengeschlecht benannt!

Das Bergische Land hat keine starren Grenzen. Die meisten Menschen in der Region machen es sich heutzutage leicht und nehmen die Autobahnen als Anhaltspunkt: Alles was nur ein paar Kilometer von der A3 im Westen, der A46 im Norden, der A45 im Osten und der A4 im Süden liegt – und natürlich der ganze Bereich dazwischen – gehört zum Bergischen Land!

PS: Wenn es dir in Burg an der Wupper viel zu bergig ist, musst du den Berg nicht hinauf- oder herablaufen, sondern probierst einfach die Seilbahn!

Namensgeber waren die Grafen von Berg

Altenberger Dom, oder: WARUM TEILEN SICH DIE EVANGELISCHE UND DIE KATHOLISCHE GEMEINDE EINE KIRCHE?

Der Altenberger Dom ist eine ganz besondere Kirche. Du kannst sie einfach so besuchen oder lässt sie dir bei einer speziellen Kinderführung erklären. Sieben verschiedene Themen stehen für Kinder zur Auswahl, besonders schön sind die Themen „Tiere im Dom" und „Leben der Mönche".

In den meisten Dörfern und Städten gibt es für die römisch-katholischen Christen eine Kirche und für die evangelischen Christen eine andere Kirche. Hier im Altenberger Dom feiert man aber sowohl katholische Messen als auch evangelische Gottesdienste. Wieso das denn, fragst du? Das lag an einem Prinzen, der vor fast 200 Jahren lebte. Der junge Prinz hieß Friedrich Wilhelm und besuchte am 31. Oktober 1833 die ehemalige Abtei Altenberg. Als er die durch ein Feuer zerstörte Kirche sah, wurde er ganz traurig über den schlechten Zustand. Er schrieb seinem Vater einen Brief, in dem er ihn bat, den Wiederaufbau der Kirche finanziell zu unterstützen.

Eine Kirche, zwei Religionen

Sein Vater war der preußische König Friedrich Wilhelm III. Die Preußen waren aber evangelisch, der König gab deshalb nicht gerne Geld an eine katholische Kirche. Seinem Sohn zuliebe steckte er trotzdem etwa 70.000 Taler in die Kirchensanierung. Allerdings machte er eine Bedingung: Die Kirche sollte evangelisch und katholisch genutzt werden. So eine Kirche nennt man „Simultankirche". Ganz schön fortschrittlich für die damalige Zeit, oder?

Korrekt müsste die Kirche eigentlich Altenberger Müns-
ter heißen. So nennt man eine Kirche in einem Kloster oder
einer Abtei. Die Zisterziensermönche gründeten hier schon
im Jahr 1133 die Abtei Altenberg, doch ihre Kirche heißt Altenberger Dom, obwohl sie gar kein Dom ist. Dom dürfen
nämlich nur Kirchen genannt werden, die ganz besonders
sind: besonders groß und besonders schön ausgestaltet.
Oder es handelt sich um eine Bischofskirche, wo also ein ka-
tholischer Bischof wohnt und arbeitet. Was meinst du dazu?
Der Altenberger Dom ist doch besonders schön. Vor allem
innen.

Diese
Kirche
hat tolle
Fenster
!

Wenn du das Gebäude betrittst und als Junge eine Mütze trägst, nimmst du sie bitte ab. Nur Mädchen und Frauen dürfen in katholischen Kirchen eine Kopfbedeckung tragen, und dieser Dom ist ja zur Hälfte katholisch. Leise sprechen und nicht rennen ist für jeden Besucher selbstverständlich.

Blick nach Westen

Schau dir zuerst das Westfenster an. Es ist 8 x 18 Meter groß und damit das größte Kirchenfenster nördlich der Alpen. Es heißt „Himmlisches Jerusalem" und ist fast 700 Jahre alt. Siehst du die musizierenden Engel? Wie viele verschiedene Instrumente kannst du zählen?

Welches das Westfenster ist, kannst du leicht herausfinden. Katholische Kirchen sind „eingeostet", das bedeutet, dass sie nach Osten ausgerichtet sind. Dort geht ja die Sonne auf, und man will auf diese Weise an die Auferstehung Jesu erinnern. Der Altar befindet sich in den allermeisten katholischen Kirchen am östlichen Ende. Wenn du den Altenberger Dom betrittst, entdeckst du den Altar genau am anderen Ende. Du musst also auf der Westseite hereingekommen sein und stehst genau unter dem Westfenster.

Erwachsene staunen darüber, dass hier in den Fenstern Heilige, Engel, Dämonen und Tiere zu sehen sind. Denn eigentlich lebten die Zisterziensermönche nach ganz strengen Regeln, wozu gehörte, dass in ihren Kirchen ursprünglich jede Verzierung und bildliche Darstellung verboten war. Im Dhünntal lebte wohl in späteren Jahren eine Gruppe von Mönchen, die diese Regel nicht so eng sah und Freude an den verschiedenen Figuren hatte. Deshalb findest du neben schlichten Mustern auch einfarbige Blätter und sogar kunterbunte figürliche Darstellungen.

Ein Fernglas hilft bei der Suche!

Info

ALTENBERGER DOM
Eugen-Heinen-Platz 2
51519 Odenthal

Tel. (0 21 74) 45 33
www.altenberger-dom.de

Bist du mit deinen Geschwistern oder Freunden im Altenberger Dom?

Prima, dann macht einen Spaziergang durch die Kirche und gleichzeitig einen Wettbewerb, wer die meisten Tiere in der Kirche findet.

Einigt euch vorher, ob Dämonen auch als Tier gelten, damit es hinterher keinen Streit gibt.

Nach der Engelssuche am Westfenster bist du ja schon etwas geübt, und es fällt dir bestimmt leicht, überall in der Kirche nach Tieren zu suchen. In den Ornamenten des Nordfensters, im Chorgestühl und auf vielen Gegenständen wirst du Tiere finden. Allein am „Ambo" – außerhalb einer Kirche würde man es wohl Lese- oder Redepult nennen – unmittelbar hinter der dicken Schnur am Altarraum wirst du unerwartet viele Tiere entdecken. Manchmal musst du ganz genau hinschauen: Der Adler als „Herrscher der Lüfte bei Tag" hält den „Herrscher der Lüfte bei Nacht" in den Krallen: Zwar ist der Kopf abgebrochen, aber an den Flügeln kannst du erkennen, dass es eine Fledermaus ist.

Wer am Ende die meisten Tiere gefunden und aufgeschrieben hat, gewinnt.

SPIEL

13 Wuppertaler Schwebebahn, oder: PASST EIN ELEFANT IN DEN BAHNWAGGON?

Die Wuppertaler Schwebebahn ist nicht die einzige Schwebebahn in Deutschland, aber die berühmteste! Natürlich schwebt sie nicht wirklich, sondern hängt an einer Schiene. Wenn du von Vohwinkel bis Oberbarmen mit ihr fährst, kannst du die meiste Zeit Wasser unter dir sehen, denn sie schwebt über der Wupper durch das Tal.

1950 wollte ein Zirkusdirektor besonders schlau sein. Als er mit seinem Zirkus in Wuppertal ankam, wollte er eine ganz besondere Reklame machen und kündigte an, dass ein Zirkuselefant mit der weltberühmten Wuppertaler Schwebebahn fahren wird.

Die meisten seiner Elefanten waren so groß und dick, dass sie keinesfalls in einen der Waggons passten. Aber er hatte in seiner Herde ein kleines Elefantenmädchen namens Tuffi. Das führte er zur Schwebebahnstation „Alter Markt", und mit vielen guten Worten lockte er sie in den Wagen. Wahrscheinlich wäre alles gut gegangen, wenn nicht auch Zirkusleute, Zeitungsreporter, Fotografen, Schaulustige und andere eingestiegen wären. Es war schrecklich eng zwischen all den Menschen. Tuffi fürchtete sich, als die Bahn losschwebte und dabei schaukelte. In der nächsten Kurve quietschte die Bahn dann auch noch. Das war zu viel für den kleinen Elefanten. Voller Angst stemmte er sich gegen die Rückwand der Bahn – plötzlich gab das Blech nach, und Tuffi fiel aus der Schwebebahn in die Wupper! Und welch

Info

HALTESTELLEN IM GANZEN WUPPERTALER STADTGEBIET
Tel. (01 80) 6 50 40 30   www.schwebebahn.de

ein Glück: Sie war nur nass geworden und unverletzt bis auf einen kleinen Kratzer an ihrem großen Elefanten-Po.

Wie gut, dass die Schwebebahn über die Wupper gebaut wurde. Das hatten die Planer natürlich nicht gemacht, um herausfallende Elefantenbabys vor schweren Verletzungen zu schützen. Eigentlich hätte man ganz gerne eine Straßenbahn gebaut, aber dafür war im engen Tal der Wupper kein Platz. Für eine U-Bahn war der Boden zu felsig und der Grundwasserspiegel zu hoch. Also kam man auf die Idee, die dringend benötigte Bahn auf Stelzen über den Fluss fahren zu lassen.

Die ersten Versuchsfahrten fanden mit 16 Stundenkilometern statt. So schnell sind Radfahrer unterwegs. die heutigen Bahnen fahren 60 Kilometer in der Stunde. Das ist etwas schneller, als die Autos in der Stadt fahren dürfen. Die Bahn verkehrt tagsüber alle drei bis fünf Minuten und hat schon über anderthalb Milliarden Menschen transportiert. Und einen Elefanten!

Die Strecke ist 13,3 km lang

14 Schloss Burg an der Wupper, oder:
WARUM HEISST EIN SCHLOSS BURG?

Mach dir bei deinem Rundgang selbst ein Bild: Ist es eine wehrhafte Burg oder ein edel ausgestattetes Schloss? Du startest an einem der Tore und entscheidest, ob du zuerst die Innenräume ansiehst oder auf der Burgmauer einmal um den Burghof läufst. Vielleicht magst du dich auch einer Führung anschließen. Noch schöner ist es, an einem Tag zu kommen, an dem Ritterspiele, Märkte oder Kindermärchen auf dem Jahresprogramm stehen.

Anfangs war das Bauwerk der Grafen von Berg eindeutig eine Burg und diente dank guter Befestigungsanlagen dem Schutz vor Angreifern. Im Lauf der Geschichte änderte sich das: Prächtige und prunkvolle Räume wurden eingerichtet und angebaut, sodass aus der Burg eher ein Schloss wurde. Weil dieses Schloss aber in dem Ort Burg liegt, heißt es Schloss Burg.

Das Leben auf einer Ritterburg

900 Jahre ist Schloss Burg schon alt. Trotz der prachtvollen Ausgestaltung ist es eine Ritterburg, wie du sie dir vorstellst: Wehrgänge mit Schießscharten und ein hoher Turm bieten Schutz, im Ahnensaal sind Ritterrüstungen ausgestellt, und der große Rittersaal sieht so aus, als könnten jeden Moment alle Burgbewohner zur Tür hereinkommen. Etwa 250 Menschen lebten wohl in der Burg und in direkter Nachbarschaft. Was bedeutet eigentlich das Wort „Kemenate", das an der Tür zu einem ziemlich großen Raum steht? Ursprünglich war dies ein Raum mit Kamin, also quasi das Wohnzimmer. Hier trafen sich alle nach getaner Arbeit, um sich aufzuwärmen. Auch wenn auf den Gemälden von Kemenaten meist

nur Frauen und Kinder zu sehen sind, waren Kemenaten keine „Frauenzimmer".

Die meisten männlichen Bewohner einer Burg waren Ritter und deren Gefolgsleute. Im Mittelalter stellte sich gar nicht die Frage, ob in den Krieg gezogen wurde, man fragte nur, gegen wen? Die Männer waren also kaum zu Hause. Die Verantwortung für den Haushalt, die Kindererziehung und die Geschäfte lag bei den Frauen. Sie saßen abends beisammen, erzählten Geschichten und erledigten Handarbeiten. Bei den Adligen konnten sogar mehr Frauen als Männer lesen. Wer also glaubt, dass die Prinzessinnen und Burgfräulein nur dazu da waren, von Rittern gerettet zu werden,

Ritter-spiele im Sommer!

liegt falsch. In der Kemenate hängt übrigens auch ein Wand-gemälde, das zeigt, wie sich die Schlossherrin sogar um die Armenfürsorge kümmerte, indem sie Brot verteilte.

Der Waldkauz Engelbert

Mit etwas Glück triffst du bei deinem Rundgang übrigens Engelbert, den Waldkauz. Er sitzt morgens und abends in einem der Kamine und schaut den Besuchern beim Be-sichtigen zu. Laute Gruppen mag er allerdings nicht. Und eigentlich ist es ein Waldkauz-Pärchen, meist ist aber nur einer von beiden zu sehen, und keiner kann sie auseinander-halten. Also werden beide Engelbert genannt.

Ritterrüs-tungen wiegen bis zu 80 Kilo

Info

SCHLOSS BURG AN DER WUPPER

Schlossplatz 2   Tel. (02 12) 2 42 26 26
42659 Solingen   www.schlossburg.de

Im Mittelalter spielten die Kinder viele Spiele, die wir so oder ähnlich auch heute noch kennen. Wie wär's mit einem mittelalterlichen Spieleturnier? Nicht immer gibt es einen Sieger, aber darauf kommt es auch nicht an.

EIERLAUFEN: Ein rohes Ei wird auf einem Löffel ins Ziel getragen. Besonders knifflig wird es, wenn ein Parcours aufgebaut ist.

HUFEISENWERFEN: Ein Holzpflock wird in den Boden gerammt. Von der Startlinie werden Hufeisen geworfen. Jedes Hufeisen, das den Pflock umschließt, zählt einen Punkt. Wer keine Hufeisen hat, nimmt Ringe.

KIRSCHKERNWEITSPUCKEN: Jeder Teilnehmer bekommt drei Kirschen, isst das Fruchtfleisch, stellt sich auf die Startlinie und spuckt die Kerne einzeln. So weit er kann.

KLICKER: Möglichst runde Steine (oder Murmeln/ Klicker) werden auf ein Ziel geworfen.

REIFEN TREIBEN: Ein Hula-Hoop-Reifen oder eine Fahrradfelge wird aufgestellt und nur mit einer Hand angetrieben, bis der Reifen oder die Felge die Ziellinie erreicht hat.

STEINCHEN-SUCHEN: Ein Kind steht in der Mitte, alle anderen im Kreis. Unbemerkt geben sie einen Stein oder eine Münze weiter. Wenn das Ratekind im Kreis auf den Besitzer zeigt, darf es aus der Mitte heraus und lässt selbst den Stein oder die Münze kreisen.

TAUZIEHEN: Bildet zwei etwa gleich starke Gruppen und zieht die gegnerische Mannschaft mit dem Tau über eine markierte Linie.

SPIEL

Burger Brezel, oder:
KANNST DU EINE BREZEL SPINNEN?

?

In ganz Deutschland kann man salzige Laugenbrezeln kaufen und essen. Aber nur im Bergischen Land gibt es die süße Burger Brezel. Der Name stammt von dem Ortsnamen Burg. Du weißt ja: Schloss Burg an der Wupper liegt in Solingen-Burg.

Die echte Burger Brezel erkennst du daran, dass sie fünfmal gedreht ist. Die Bäcker im Bergischen Land sagen dazu „eine Brezel spinnen". Früher bekamen die Kinder an ihrem ersten Schultag keine Schultüte, sondern eine riesige Brezel. Die war so groß, dass sie sogar siebenmal gedreht war.

Du kannst die Burger Brezeln ganz einfach selbst backen:

- 500 g Weizenmehl (Type 405)
- 80 g Zucker
- 50 g Butter
- 1 gestrichener Teelöffel Salz
- 1/2 Würfel frische Hefe
- 280 ml lauwarme Milch

Knete alle Zutaten zu einem Teig und lass diesen 20 Minuten an einem windgeschützten, warmen Platz ruhen, zum Beispiel in einer Schüssel unter einem sauberen Küchentuch. Wenn der Teig aufgegangen, der Teigklumpen also ungefähr doppelt so dick geworden ist, schneidest du ihn in zehn oder zwölf Portionen. Aus jedem dieser Stücke drehst du eine lange Schnur und formst daraus eine Brezel. Die meisten Kinder schaffen drei Umdrehungen, Profibäcker fünf. Deine fertigen Kunstwerke legst du auf ein Blech mit Backpapier

und wartest noch einmal ungefähr eine Dreiviertelstunde. Den Backofen heizt du auf 200 °C bei Ober-/Unterhitze vor. Wenn die Brezeln fertig geruht haben, lässt du dir von einem Erwachsenen dabei helfen, das Blech in den Ofen zu schieben. Nach weiteren 20 Minuten sind die Brezeln fertig. Dieses Rezept stammt von dem Museumsbäcker Stefan Klug vom Freilichtmuseum Lindlar.

Einige schlaue Leute streiten darüber, wie die Burger Brezel gegessen wird: frisch aus dem Ofen oder getrocknet. Den Streit kannst du für dich selbst entscheiden: Die erste Brezel isst du direkt nach dem Backen und freust dich, dass sie so lecker wie ein Milchbrötchen schmeckt. Da du sicherlich nicht alle fertigen Brezeln sofort aufessen wirst, bewahrst du einige an einem trockenen Ort auf. Nach wenigen Tagen sind sie hart wie Zwieback und schmecken auch ganz ähnlich. Wem sie dann zu hart zum Beißen sind, der „zoppt" sie. Das bedeutet, er tunkt sie in seinen Kakao oder Kaffee.

Na, wie schmecken sie dir am besten?
Frisch, hart oder gezoppt?

Köstlicher Wander-proviant !

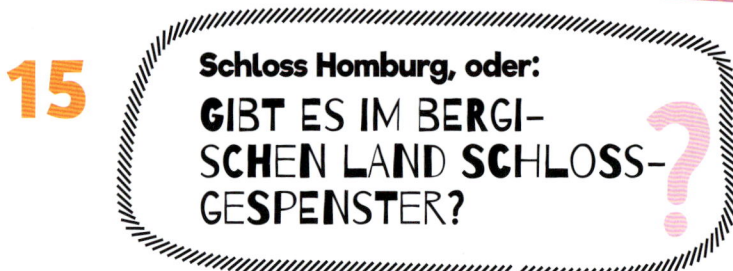

15 Schloss Homburg, oder: GIBT ES IM BERGI-SCHEN LAND SCHLOSS-GESPENSTER?

Zu jedem anständigen Schloss gehört ein Schlossgespenst. Im Schloss Homburg spukt Casimir von Deppenburg. Dieser Adlige war 1658 bei einer Jagd auf Wildschweine zu Tode gekommen und geistert seither als Gespenst durch das Schloss Homburg. Begleitet wird er vom Geist eines Wildschweins namens Chérie.

Casimir von Deppenburg war vom Homburger Schlossherrn Wilhelm Friedrich Graf zu Sayn-Wittgenstein zur Jagd eingeladen worden. Dazu hatte er keine Lust, zog sich mit seinem Buch in den Wald zurück und wurde von einer „Saufeder" getroffen. So nannte man spezielle Jagdspieße, die bei der Schweinejagd eingesetzt wurden. Eigentlich hatten seine Jagdgefährten auf ein Wildschwein gezielt, welches den geistesabwesenden Büchernarren Casimir angriff.

Die Geschichte rund um das Schlossgespenst hat einen ernsten Hintergrund. Viele Männer starben auf der Jagd durch die Waffen ihrer Jagdgenossen. Noch etwas wirst du feststellen, wenn du Casimir auf einer Bild-Ton-Schau zuhörst: Er spricht vorwiegend Französisch mit seinem Keiler. Das war damals vollkommen normal „bei Hofe", also in Schlössern und Burgen. Man pflegte Kontakte zu anderen Adligen in ganz Europa und brauchte dafür eine gemeinsame Sprache. Außerdem konnte man sich so vom einfachen Volk abgrenzen.

Auf Entdeckertour

Findest du Casimir und Chérie? Dafür bietet das Museum Schlossführungen, Kindergeburtstage und spezielle Rallyes an. Und gibt es jemanden in deiner Familie, der keinen Schritt ohne Smartphone geht? Perfekt! Dann steht fest, wer das Handy-Quiz als App herunterlädt und die Aufgaben vorträgt.

Bei einem Rundgang durch das Schloss wirst du darüber staunen, wie schwer eine Ritterrüstung mit Kettenhemd und Helm ist. Nur die kräftigsten Männer konnten eine solche Rüstung tragen, ohne sofort zusammenzubrechen.

Eine ganz besondere Landkarte ist auf dem Boden eines Ausstellungsraumes zu sehen. Das Original dieser Karte aus dem Jahr 1575 stammt von dem berühmten Kartografen Gerhard Mercator. Er erkannte, dass die Erdkugel eigentlich nur auf dem Globus korrekt abgebildet werden konnte. Denn jede flache Weltkarte verursachte eine Verzerrung der Daten. Weil aber für die Seefahrt, bei Vermessungen und auf

Keiler sind
männliche
Wild-
schweine

Reisen oft eine Landkarte nötig ist, um auch Einzelheiten zu sehen, ließ Mercator sich etwas einfallen: Er zeichnete die Längen- und Breitengrade als Geraden. Das ergab am Äquator eine korrekte Darstellung und zu den Polen hin eine gleichmäßige Dehnung. Damit kamen alle viel besser klar als mit den zufälligen Verzerrungen früherer Karten.

Findest du auf der Mercatorkarte das Wort „Hombergh"? So hieß Homburg zu Mercators Zeiten. An diesem Wort erkennst du, wie der Name entstand: von „Hohem Bergh" zu „Hombergh" und am Ende zu „Homburg".

Mützen und Spielzeug

Kannst du stricken? Dann wird dich die Vitrine mit den Kindermützen, in die Perlen eingestrickt wurden, ganz besonders interessieren. Wenn du im Anschluss den Raum mit dem Hochrad, den Erker mit dem Kinderspielzeug, den Schlossturm, die Räume mit den Webstühlen und die Schlossküche erforscht hast, wirst du Bekanntschaft mit Casimir gemacht haben.

Am Ende kannst du dir im Forsthaus die naturkundliche Sammlung mit Modellhäuschen und Rieseninsekten anschauen. Rund um das Schloss führen vier Naturerlebnispfade: der Lernpfad (1,2 km), der Klangpfad (2 km), der Wanderpfad (2,8 km) und der Auenpfad (9 km). Unterhalb des Schlosses entdeckst du eine Mühle und eine Bäckerei. Dort finden manchmal Sonderveranstaltungen statt, bei denen Mehl gemahlen und Brot gebacken wird. Beide Gebäude standen nicht immer an dieser Stelle. Die Mühle wurde ursprünglich in Gaderoth im Bröltal erbaut, die Bäckerei in Wiehl. Sie wurden an ihren alten Standorten abgebaut und hier wiederaufgebaut.

Ein Schloss voller Ritterrüstungen !

Info

SCHLOSS HOMBURG
Schloss Homburg 1
51588 Nümbrecht

Tel. (0 22 93) 9 10 10
www.schloss-homburg.de

16 Freilichtmuseum Lindlar, oder:
WARUM SIND DIE HÄUSER VON SEIL-MACHERN SO LANG ?

In diesem Museum kannst du Handwerkern in alten Handwerksberufen bei der Arbeit zusehen: Dem Schmied, dem Schuster und dem Bandweber. Am schönsten ist es in der Seilerei, hier darfst du selbst wie ein Seiler arbeiten. Ein Fachmann hilft dir natürlich dabei.

Früher gingen die Menschen nicht in eine Fabrik, sondern arbeiteten oft zu Hause. In ihrem Haus gab es einen Wohnbereich für die Familie und einen Arbeitsbereich. Der sah natürlich bei einem Schuhmacher ganz anders aus als bei einem Korbflechter, einem Hutmacher oder einem Buchbinder.

Wenn ein Seiler ein vier Meter langes Seil schlagen will, benötigt er sechs Meter lange Fäden. Die dreht er mit einer Maschine namens „Kammgeschirr". Diese Arbeit nennt man „ein Seil schlagen", dabei wird das Seil durch das Drehen kürzer. Das ist wie beim Haare flechten: Wenn die offenen Haare bis zum Schulterblatt reichen, enden die geflochtenen Zöpfe wahrscheinlich schon auf der Schulter.

Im Freilichtmuseum in Lindlar musst du selbst an der Kurbel drehen, wenn du ein Seil schlagen willst. Und der Seiler hält am anderen Ende der Seilerbahn das Leitholz zwischen die Fäden, um ein möglichst gleichmäßig geschlagenes Seil herzustellen. Und für ein langes Seil braucht man ein langes Haus. Deshalb waren die Häuser von Seilern immer die längsten im Dorf.

Seile heißen in Norddeutschland „Reepe". Wenn du irgendwo das Wort „Reeperbahn" hörst, weißt du, dass es sich um eine Seilerei handeln muss. Für seetaugliche Schiffe wurden besonders lange und starke Seile benötigt – die Taue. Am bekanntesten ist wahrscheinlich die Hamburger Reeperbahn: Auf sogenannten Reeperbahnen wurden Taue von mehr als 300 Metern Länge geschlagen. Als später dort eine Straße entstand, musste man nicht lange nach einem Namen suchen. Dagegen wirkt das kleine Häuschen des Seilers in Lindlar mit seiner einst 40 Meter langen Seilerbahn fast winzig.

Ein richtiges Dorf

Das Schöne an einem Freilichtmuseum ist die Menge an alten Häusern, Höfen und Werkstätten, die an einem Ort zusammenstehen. Dazu hat man nicht etwa alle Bewohner

Gruppen dürfen im Gut Dahl übernachten

eines Dorfes aus ihren Häusern geworfen, das Dorf einge-
zäunt und „Museum" dran geschrieben. Die meisten Gebäude standen früher ganz woanders. Sie wurden transloziert,
was bedeutet, sie wurden an ihrem ursprünglichen Bauplatz
vorsichtig abgebaut und auf dem Gelände des Freilichtmu-
seums wiederaufgebaut. Genauso funktioniert ein Museum:
Die Museumsstücke aus der Umgebung werden gesammelt
und an einem Ort ausgestellt. Das ist bei einem Freilichtmuseum schwieriger und teurer als bei einem Teddybärmuse-
um, aber auch spannender. Nicht nur die Seilerei stand vorher in einem ganz anderen Dorf im Bergischen Land. Das
gilt auch für das Gasthaus, die Schmiede, die Bäckerei und
die anderen Gebäude. Nur der Hof Peters stand von Anfang
an hier. Im Hof Peters kocht die Hauswirtschafterin auf einem Holzofen, und drei Landwirte bestellen die Felder und
versorgen die Tiere: Weideschweine, Ziegen, Schafe, Pferde,
Kühe und Geflügel. An jedem Öffnungstag ist mindestens
einer der Handwerker im Museum. Besser kannst du gar
nicht lernen, wie Schmiede, Bandweber, Seiler, Bäcker, Im-
ker oder Sattler arbeiten.

Backe backe Kuchen

Der Museumsbäcker erklärt zum Beispiel ganz viel übers
Backen in alter Zeit. Weißt du, was ein Backhaus ist? Früher
gab es keine Bäckereien, in denen man jeden Tag frisches
Brot und frischen Kuchen kaufen konnte. Dafür stand in
der Dorfmitte ein kleines Haus mit einem großen Backofen.
Dort wurde ungefähr alle drei Wochen gebacken. Die Dorf-
bewohner teilten sich den Ofen. Dreieinhalb Stunden musste im Ofen das Feuer brennen, damit er heiß genug war. Als
Erstes wurde Roggenbrot gebacken, weil es die höchsten

LVR-FREILICHTMUSEUM LINDLAR

L299   Tel. (0 22 66) 9 01 00
51789 Lindlar   www.freilichtmuseum-lindlar.lvr.de

Temperaturen braucht. Manchmal wurde danach Blatz oder Kuchen für ein Familienfest gebacken.

Wenn kein Kuchen gebacken werden musste, wurde die Restwärme des Ofens gerne für Burger Brezeln genutzt. Der süße fettarme Hefeteig schmeckt nicht nur frisch aus dem Ofen ganz köstlich, sondern hält sich getrocknet bis zu einem halben Jahr! Die Leute erzählen, dass ein kranker französischer Soldat 1795 das Brezelrezept ins Bergische Land brachte: Er hatte solch trockene Brezeln als Marschverpflegung dabei. Und weil ihn die Einheimischen gesund pflegten, verriet er ihnen aus Dankbarkeit das Rezept.

Blatz ist ein süßes Weißbrot

Oelchenshammer, oder:
WIE ARBEITET EIN SCHMIED?

Am Flüsschen Leppe nicht weit von Engelskirchen kannst du einen der letzten Schmiedehämmer sehen, die noch mit Wasserkraft betrieben werden. Ein Schmiedehammer ist viel größer als ein normaler Hammer und anders geformt. Denn er wird nicht von einem Menschen in der Hand gehalten, sondern durch das Wasser eines Mühlrades bewegt.

Er ist so schwer, dass ein einziger Mensch ihn gar nicht heben könnte. „Das schafft doch nur ein Bär", dachten die Leute früher vielleicht, jedenfalls nannten sie den Kopf des Hammers „Bär". Um zu verstehen, wie ein solcher Schmiedehammer funktioniert, gehst du am besten zuerst links an der Schmiede vorbei den Hügel hinauf. An einer Stelle gibt es einen Durchlass vom Stauteich zum Hammergebäude, das hier Oelchenshammer heißt. Dieser Durchlass ist mit einer Platte aus Holz oder Metall verschlossen, die sich bewegen lässt. Die Platte nennt man Schütz, wenn sie eher klein ist, oder Wehr, wenn sie etwas größer ist.

Gehst du zurück zur Schmiede, nimmst du den Nebeneingang und stehst vor dem großen Wasserrad. Wenn das Schütz geschlossen war, gelangte kein Wasser auf das Rad. Je weiter es geöffnet wurde, desto mehr Wasser floss und desto schneller drehte sich das Rad – und desto schneller schlug der Hammer.

An so einem Hammer arbeiteten die Schmiede mit den Schützjungen zusammen. Das heißt nicht, dass sie Kinder

Info

OELCHENSHAMMER
Oelchensweg
51766 Engelskirchen-Bickenbach

Tel. (0 22 34) 9 92 15 55
(kulturinfo rheinland)
www.industriemuseum.lvr.de

waren. „Schützjunge" war eine Berufsbezeichnung. Er war dafür verantwortlich, dass sich das Mühlrad in genau der richtigen Geschwindigkeit drehte. Mindestens sechs Jahre musste man Schutzjunge sein, bevor man mit der Ausbildung zum Schmied beginnen durfte. Während der gemeinsamen Arbeit gab der Schmied dem Schützjungen immer Zeichen, ob er mehr oder weniger Wasser durchlassen sollte. Im Oelchenshammer arbeiteten sechs Schmiede und zwei Schützjungen an vier Hämmern.Es entstanden keine fertigen Schmiedewaren, sondern Rohlinge, die in sogenannten Gesenkschmieden rund um Solingen zu feinen Scheren und Messern weiterverarbeitet wurden.

Ohren zuhalten – es wird laut !

18 Gesenkschmiede Hendrichs, oder: WIE WIRD EINE SCHERE HERGESTELLT?

Auf den ersten Blick sieht diese Fabrik so aus, als hätten die Arbeiter sie nur für die Mittagspause verlassen. Überall stehen Maschinen und liegt Arbeitsmaterial, es riecht nach Öl und Ruß. Aber nicht alle Arbeiter pausieren: In einer der Hallen knallt es laut. Das Geräusch entsteht, wenn ein Fallhammer aufschlägt. Denn in der ehemaligen F. & W. Hendrichs Scherenschlägerei u. Gesenkschmiede kannst du herausfinden, wie eine Schere hergestellt wird – und dabei spielt der Fallhammer eine wichtige Rolle.

Du kannst dich mit deiner Familie einfach durch das Museum treiben lassen, an einer Führung teilnehmen oder dir einen Audioguide (speziell für Kinder) ausleihen. So einen Guide kennst du vielleicht schon aus anderen Museen.

Die spannendste Möglichkeit bietet eine Tour, bei der du dich von den „Kindermuseumswagen" und dazu passenden Aufgaben leiten lässt. An der Kasse findest du Mitmachblätter in drei verschiedenen Schwierigkeitsstufen. Je nach Aufgabenblatt baust du ein riesiges Taschenmesser zusammen, sortierst Scherenklingen, löst Rätsel und isst am Tisch in der Villa der Fabrikantenfamilie. Gut überlegt haben sich die Museumspädagogen nicht nur die Aufgaben. Beim Schwierigkeitsgrad ist sogar angegeben, wie lange die Aufgabe ungefähr dauert, so kannst du deinen Besuch besser planen.

Mitmachstationen

Alle Aufgaben führen dich an besondere Stellen im Museum, diese sind dunkelgrün angestrichen. Grün zeigt an, dass du vor einer Mitmachstation des Kindermuseums stehst. Oft sind dies die Kindermuseumswagen, also Pritschenwagen mit den nötigen Zubehörteilen für ein Experiment oder ein Spiel.

Beim Scherenpuzzle gleich hinter der Kassenhalle legst du Puzzlestücke so zusammen, dass du alle Herstellungsschritte erkennen kannst: Am Anfang ist es nur ein Stück Eisen, das wird geformt, gefeilt, poliert und zusammengeschraubt. Was leicht aussieht, ist sehr viel Arbeit.

Im ehemaligen Lagerraum, dem „Lager", kannst du malen und ausschneiden. Dort lernst du am Kindermuseumswagen Scheren kennen, denen die Museumsleute sogar Namen wie Anna, Käthe oder Pedro gaben. Kennst du Scheren von früher? Die bestanden vom Griff bis zur Spitze aus Stahl und hatten noch keine hübschen oder lustigen Motive auf einem Kunststoffgriff so wie heute. Obwohl, hübsche Scheren gab es auch damals schon. Deshalb formte man die Griffe wie Vögel, Schmetterlinge, Schnecken, Fische oder Krokodile.

Kannst du dir etwas Unpraktischeres als eine 2,58 Millimeter kleine Schere oder ein über drei Meter langes Messer vorstellen? Im Lager kannst du dir beides ansehen: die

Anfassen erlaubt

kleinste Schere der Welt und das größte Messer. Dein Taschenmesser ist in jedem Fall praktischer. Bei einer Aufgabe baust du selbst ein ganz großes zusammen und verstehst, wie die kleinen Taschenmesser zusammengesetzt sind.

Heißer Stahl

In den Produktionshallen schaust du dem Schmied zu, wie er ein Stück Stahl zum Glühen erhitzt, damit es sich formen lässt. Er legt es zwischen die Ober- und Unterseite eines „Gesenks", so heißt die Form für die Klingen. Der schwere Fallhammer drückt die beiden Hälften des Gesenks zusammen, dazwischen verformt sich der Stahl. Diese Rohlinge werden von allem unnötigen Metall befreit, außen herum und in den „Augen", durch die später die Finger geführt werden.

Das ist alles noch sehr rau, und man könnte sich daran verletzten. Deshalb werden die Kanten geglättet und geschliffen – was du an der Werkbank selbst ausprobieren kannst! Du spannst den Rohling in den Schraubstock ein und bearbeitest ihn mit Feile und Schmirgelpapier. Die beiden Hälften bekommen ein Loch, werden an den Schnittstellen scharf geschliffen, gehärtet und mit einer Schraube verbunden. Fertig ist deine Schere!

Tipp: Kindergeburtstag in der Fabrikantenvilla

Info

LVR-INDUSTRIEMUSEUM GESENKSCHMIEDE HENDRICHS

Merscheider Straße 289–297   (kulturinfo rheinland)
42699 Solingen   **www.industriemuseum.lvr.de**
Tel. (0 22 34) 9 92 15 55

Lass alle aus deiner Familie schätzen, wie viele Scheren sich in eurer Wohnung befinden. Jeder schreibt die Zahl auf. Nun sucht ihr aus allen Zimmern und Nebenräumen eure Scheren zusammen. Auch die aus dem Schulranzen, der Garage und dem Keller. Wer hatte die richtige Zahl getippt? Gewonnen!

Nun schaut euch die Scheren genauer an. Ist die Nagelschere die kleinste und die Astschere aus der Gartenhütte die größte? Sind alle Schneiden gerade oder entdeckst du auch Wellen und Zackenmuster? Passen nur Daumen und Zeigefinger in die Augen oder mehr Finger? Hast du vielleicht eine Bügelschere gefunden, die nur von außen gedrückt wird und zurückfedert? Oder ist sogar eine klappbare Schere dabei oder ein Taschenmesser oder ein Multitool? Lustig sind auch Kräuterscheren mit mehreren Klingenpaaren nebeneinander.

Es gibt Scheren, die nur für bestimmte Dinge benutzt werden: Schneiderschere, Geflügelschere, Bastelschere, Kinderschere, Tapetenschere, Rosenschere, Friseurschere, Rasenkantenschere, Drahtschere ...

Gibt es in deiner Familie Rechts- und Linkshänder? Dann schneide mal mit der Schere, die nicht für dich gedacht ist. Findest du heraus, warum Rechtshänder Probleme mit Linkshänderscheren haben und anders herum?

Ahnst du, warum es in eurem Haushalt so viele verschiedene Scheren gibt? Versuch doch einfach einmal gemeinsam mit deinen Eltern, mit einer Astschere aus einem Blatt Papier einen Kreis auszuschneiden. Und danach ein Quadrat mit einer Nagelschere.

SPIEL

19

De bunte Kerke in Lieberhausen, oder:
WARUM WURDE IN DIESER KIRCHE SO VIEL GEMALT?

Womit erklären Eltern ihren Kindern die Welt, bevor die Kinder in die Schule kommen? Mit Bilderbüchern! Was machen kleinere Kinder, wenn sie sich etwas merken oder jemandem etwas mitteilen wollen? Sie malen! Genauso entstanden die kunterbunten Malereien im Inneren der Lieberhausener Kirche. Schau dich einmal genau um. Welche Bibelgeschichten kannst du als Bild entdecken?

Diese Kirche ist circa 900 Jahre alt. In dieser Zeit konnten die meisten Menschen entweder gar nicht oder nicht besonders gut lesen und schreiben: Der Pastor las ihnen aus der Bibel vor. Aber das reichte den Gläubigen nicht, deshalb gaben sie die wichtigsten Stellen aus der Bibel als Gemälde in Auftrag. Wenn ihr euch in der Bibel auskennt, könnt ihr euch gegenseitig Quizfragen stellen wie: „Welches Instrument spielen die Engel, die an der Decke zu sehen sind?", „Wie sind Adam und Eva angezogen?" oder „Wie viele kleine Teufel sitzen auf der rechten Seite der Waage?". Wer die Frage richtig beantwortet, schaut sich um und stellt die nächste Frage.

Wenn du dich in der Kirche umschaust, findest du nämlich Geschichten aus allen Teilen der Bibel. Adam und Eva mit dem Apfel in der Hand hat der Maler wohl in dem Moment erwischt, als sie vom Baum der Erkenntnis gegessen hatten und aus dem Paradies vertrieben wurden.

Im Chor, das ist der Bereich hinter dem Altar, stehen oben die zwölf Apostel nebeneinander auf den Tafeln mit den zehn

Info

EVANGELISCHE PFARRKIRCHE LIEBERHAUSEN

Kirchplatz 2
51647 Gummersbach-Lieberhausen

Tel. (0 27 63) 72 46
(Kirchenführungen)

![Wandmalereien mit den Zehn Geboten]

Innerhalb der Bildtafeln ist zu lesen:

> Das erste gebott sagt: Ich bin der Herr dein Gott der Ich dich aus Ägypten aus dem Dienst haus führte

> Das zweite gebott lehrt: Du solst den Namen des Herren deines Gottes nicht mißbrauchen

> Das dritte gebott will ich dir wei sen Gedenke des Sabbat te ß das Du ihn heiligest.

Geboten aus dem Alten Testament. Die Texte der Gebote wurden kunstvoll unter die Malereien geschrieben. Auch wer nicht lesen kann, versteht bei der vierten Tafel – Du sollst Vater und Mutter ehren –, was die beiden Jungen falsch machen: Sie jagen ihre Eltern mit Peitsche und Rad aus dem Haus!

In der Mitte der Kirche siehst du auf dem Deckengewölbe, wie sich die Maler in früheren Zeiten das Jüngste Gericht vorstellten: In den vier getrennten Bereichen siehst du Engel mit Posaunen, Christus als Weltenrichter, Petrus mit den Seligen und die Verdammten vor dem Teufelsrachen. Auch ein Königspaar, ein Bischof und ein Mönch sind unter den Verdammten. Wenn es dir nicht zu kalt ist, darfst du dich auf den Boden legen, um das Deckengemälde besser sehen zu können.

Weitere bergische bunte Kerken findest du nicht weit von Lieberhausen in Marienberghausen, Marienhagen, Müllenbach und Wiedenest.

Auf Hochdeutsch ist die Kerke eine Kirche

Bergische Kaffeetafel, oder:

WAS ISST MAN IM BERGISCHEN LAND AM NACHMITTAG?

Bei so vielen aufregenden Erlebnissen und Bewegung an der frischen Luft bekommst du irgendwann Hunger. Doch egal, wie groß dein Hunger ist: Nachdem du dich mit deiner Familie durch eine Bergische Kaffeetafel gegessen hast, bist du vollkommen satt. Denn eine Kaffeetafel ist viel mehr als nur „Kaffee und Kuchen".

Wenn früher im Bergischen Land jemand zu Besuch kam, wurde alles aufgetischt, was der Hof und der Vorratsraum zu bieten hatten: Kuchen, Brot, Brezeln, Wurst, Käse, Eingemachtes ... Teilweise wurde auch Milchreis gekocht, und man buk leckere Waffeln. Ganz schön gastfreundlich, oder?

Bei einer Bergischen Kaffeetafel, wie du sie heute in einem Café quasi als Menü bestellen kannst, sind immer noch süße und herzhafte Speisen dabei. Fester Bestandteil sind die leckeren Bergischen Waffeln mit heißen Kirschen und Sahne. Dazu bieten die Cafés Milchreis mit Zucker & Zimt, Burger Brezeln oder Bergischen Zwieback an. Den gibt es in verschiedenen Sorten mit Zuckerguss. In Lieberhausen und in Rengse kommen außerdem Eierkuchen auf den Tisch, die so dick sind wie eine Sahnetorte.

Doch damit nicht genug: Auf dem Tisch stehen Körbe, Teller und Schalen mit Graubrot, Schwarzbrot, süßem Weißbrot (dem sogenannten Bergischen Blatz), Butter, Margarine, Marmelade, Honig, Quark, Fleisch-, Leber- und Blutwurst. Manchmal gibt es sogar Reibekuchen, Bratkartoffeln oder andere Köstlichkeiten. Und keiner wundert sich, wenn jemand süße und herzhafte Zutaten kombiniert, Rosinenstuten mit Sahneleberwurst zum Beispiel!

Trinken deine Eltern gerne Kaffee? Der wird hier in der „Dröppelminna" serviert. Woraus? Nun, Dröppelminna heißt die dickbauchige Kaffeekanne aus Metall, die auf dem Tisch steht. Sie hat einen Hahn, aus dem der Kaffee in die Tassen gefüllt wird. Weil der aber nie ganz dicht war, tropfte er. Er „dröppelte", wie man im Bergischen Land sagt.

Am besten ist es, eine Bergische Kaffeetafel für den späten Nachmittag zu buchen, wenn es noch früh genug für süße Leckereien ist, aber schon spät genug für ein herzhaftes Abendbrot.

„Minna" nannte man früher oft das Hausmädchen

20

D'r Isenhardts Hoff, oder:
WIE LEBTEN BAUERN VOR 200 JAHREN?

Kannst du dir vorstellen, wie Bauern früher lebten? Sie besaßen noch keine Mähdrescher, Eiersortieranlagen und Melkmaschinen. Und im Wohnhaus gab es weder fließendes Wasser noch Internet, Fernseher, Kühlschränke oder Telefone. Alles auf dem Hof wurde mit der Kraft der Bauernfamilie bewerkstelligt. Auch das Brotbacken, das du zweimal im Jahr live miterleben kannst, wenn im Backhaus der Ofen angeheizt wird.

Unter all den Dingen, die es im Bauernhaus zu sehen gibt, sind schlaue Erfindungen dabei. Sauerkraut wurde in großen Tontöpfen hergestellt, Waffeln auf dem Holzofen gebacken, und Bügeleisen wurden mit glühender Kohle befüllt. Es gibt sogar einen Bohnenaufreißer im Museum! Das Beste ist der Zwillingsbuggy, in dem beide Kinder nach vorne, beide nach hinten, beide mit dem Gesicht und mit dem Rücken zueinander sitzen konnten. Ein solch vielseitiges Gefährt suchen Zwillingseltern von heute vergebens.

Die früheren Eigentümer dieses Hofs waren sicher wohlhabend, denn im Wirtschaftsraum steht ein Blockeisschrank. Um verderbliche Dinge im Sommer kühl zu halten, legte man einen Block Eis in so einen Schrank und isolierte ihn gleichzeitig nach außen mit Stroh, damit er sich nicht so schnell aufheizte.

Frisch gebackenes Brot aus dem Backhaus gibt es zweimal im Jahr: im März zum Frühjahrsfest und im November zum Kappesfest. Dazu gibt es kleine Märkte mit Oster- oder Weihnachtsartikeln.

Info

D'R ISENHARDTS HOFF
Reichshofstraße 20
51580 Reichshof-Eckenhagen

Tel. (0 22 65) 82 14
www.heimatverein-reichshof-eckenhagen.de

Im Hof fällt dir das grüne Häuschen mit dem Herz-Fensterchen auf. Es wurde entweder „Herzhäuschen" genannt oder „Plumps-Klo". Man setzte sich für sein Geschäft auf ein Brett mit einem Loch, und alles plumpste hinunter in eine Grube. Diese musste alle paar Monate geleert werden – eine Aufgabe, die man sich heute gar nicht mehr vorstellen kann! Eine Wasserspülung gab es noch nicht. Das roch natürlich unangenehm, deshalb war es gut, das Klo nicht im Haus zu haben. Herzhäuschen gibt es heutzutage kaum noch bei uns, die Toiletten mit Wasserspülung sind viel praktischer und hygienischer. Ganz verschwunden sind sie aber nicht: Auf Baustellen und bei Großveranstaltungen wie Konzerten werden heute oft noch moderne Plumps-Klos aus Kunststoff eingesetzt.

Suure Kappes ist Sauerkraut!

21

Tierpark Fauna, oder: WAS MACHT EINE RÖMISCHE WALDGÖTTIN IN SOLINGEN?

Dieser Tierpark ist eine gelungene Mischung aus einem Wildpark und einem Zoo: Hier leben neben heimischen auch exotische Tiere, aber du darfst dich ihnen viel mehr nähern als in einem Zoo. Fast alle Tiere dürfen gefüttert werden. Im Zweifel schaust du die Futtereimer einfach genau an: Du entdeckst aufgedruckte Fotos aller Tiere, die daraus fressen dürfen. Aber gut festhalten! Einige Tiere sind ganz schön frech und klauen dir gleich den ganzen Eimer.

Was hat es nun mit der Waldgöttin auf sich? Die alten Römer glaubten nicht nur an einen Gott. Es herrschte Arbeitsteilung: Verschiedene Götter waren für das Meer, den Krieg, die Liebe, das Wetter und andere Lebensbereiche zuständig. So wachte die Göttin Fauna zusammen mit ihrem Bruder Faunus über die Wälder und Weiden. Sie war eine Freundin der Blumen-Göttin Flora.

Auch wenn wir nicht an diese Götter glauben, haben wir viel von den Römern übernommen. Biologen zum Beispiel teilen alle Lebewesen in Flora und Fauna ein. Flora umfasst dabei alle Pflanzen, die Fauna alle Tiere. Der Name „Fauna" passt sehr gut zu dem Tierpark am Ortsrand von Gräfrath, denn er liegt mitten im Wald.

Am Eingang wirst du von Papageien, Luchsen und Nasenbären begrüßt. In der Parkmitte steht das gut geheizte Warmhaus mit Schildkröten, Schlangen und Echsen. Daneben gibt es ein Gebäude, in dem regelmäßig besondere Tierarten gezeigt werden: So gibt es Spezialtage für Spinnen,

Info

TIERPARK FAUNA E.V.
Lützowstraße 347
42653 Solingen

Tel. (02 12) 59 12 56
www.tierpark-fauna.de

Ratten und einen für solche Tiere, die vom Aussterben bedroht sind. Und im Wildpark warten Hirsche und Rehe auf die Besucher.

Auf deinem Weg durch den Park triffst du lustige Erdmännchen, neugierige Ziegen, verfressene Esel und edle Alpakas. Vielleicht gewinnst du ja das Vertrauen eines Alpakas, und es lässt sich das weiche Fell kraulen. Ein schwarzes Alpaka, das sehr gerne badet und mit Wasser spielt, heißt Arielle. Der Name passt perfekt! Genauso ist es bei dem Känguru Schneewittchen. Es ist wirklich schneewitt, also schneeweiß.

Du hast recht, das ist eine ungewöhnliche Farbe für ein Känguru! In freier Wildbahn hätte es überhaupt keine Tarnung und würde von seinen Feinden schnell entdeckt. Hier im Tierpark ist Schneewittchen aber sicher. Es gibt auch eine weiße Schlange, einen weißen Hirsch und zwei weiße Nandus, das sind Laufvögel aus Südamerika. Hast du schon einmal etwas von „Albinismus" gehört? Der Begriff stammt von dem lateinischen Wort albus, das bedeutet „weiß". Gesunde Tiere haben Pigmente, das sind Farbstoffe, die in der Haut, im Fell und in den Federn stecken. Diese Pigmente fehlen Schneewittchen und den anderen Albinos.

Vier verschiedene schneeweiße Tiere

22

Affen- und Vogelpark Eckenhagen, oder: WARUM LAUSEN SICH AFFEN?

In diesem Tierpark bist du den Tieren besonders nahe. Viele Vogelarten können in ihren Freiflug-Gehegen besucht werden. Auch von den Totenkopf-Affen und Berberaffen bist du weder durch Gitter noch durch Scheiben getrennt. Stattdessen wanderst du durch deren Gehege. Manchmal kommen sie auch zu dir, weil sie dich interessant finden oder hoffen, dass du sie fütterst. Aber nicht erschrecken: Manche sind so frech, dass sie dir dein Essen klauen oder auf die Schulter springen! Vielleicht gelingt dir auf diese Weise ein Foto, bei dem du wie Pippi Langstrumpf aussiehst! Ihr Freund Herr Nilsson gehört zu den Totenkopf-Affen.

Lausen ist Wellness für Affe !

Oft sitzen oder liegen sie aber auch gemütlich an einer Stelle, und du kannst sie ganz in Ruhe beim Fressen, Ruhen oder Lausen beobachten. „Lausen" ist ein hässlicher Begriff für eine schöne Tätigkeit. Deshalb sprechen Fachleute auch lieber von grooming. Das ist Englisch und heißt „bedienen" oder „pflegen". Affen durchsuchen zwar ganz gewissenhaft das Fell eines anderen, dabei geht es aber nicht unbedingt um die Suche nach Läusen und anderem Ungeziefer.

Natürlich werden Fremdkörper gesucht: Hautschuppen, Dornen, Zecken – und mitunter tatsächlich eine Laus! Viel wichtiger ist aber, dass die Affen bei der gegenseitigen Fellpflege einander nahe sind. Der lausende Affe krault und massiert; er verwöhnt den gelausten Affen. Achte beim Besuch der Berberaffen einmal auf den entspannten oder sogar verzückten Gesichtsausdruck. Da wird das Entfernen von Ungeziefer zur Nebensache!

Wenn man Affen beim Lausen genau beobachtet, kann man sogar herausfinden, welche Stellung die beiden Tiere in

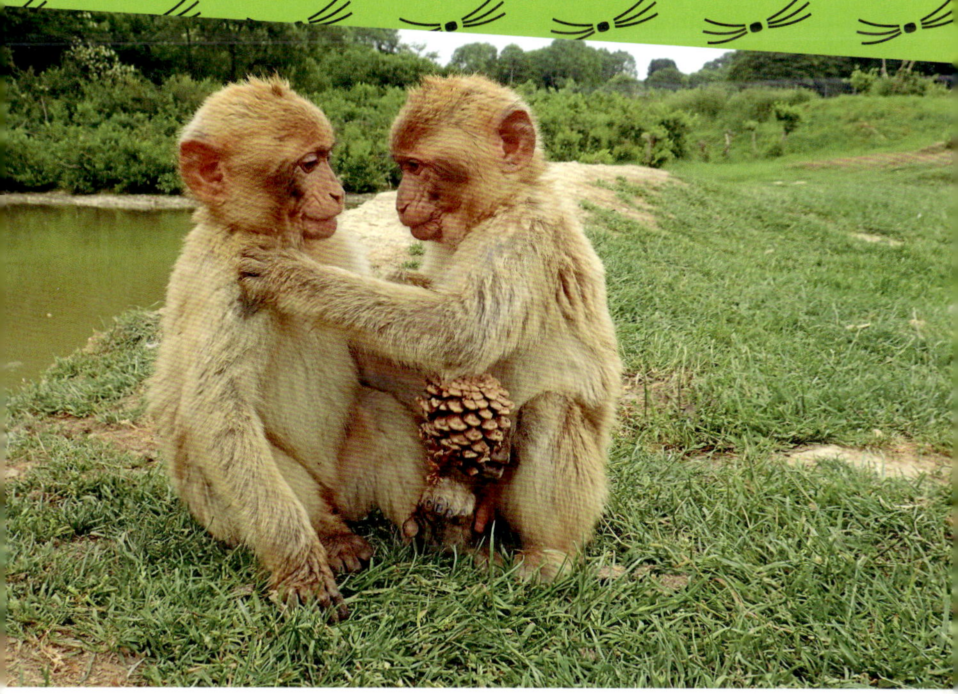

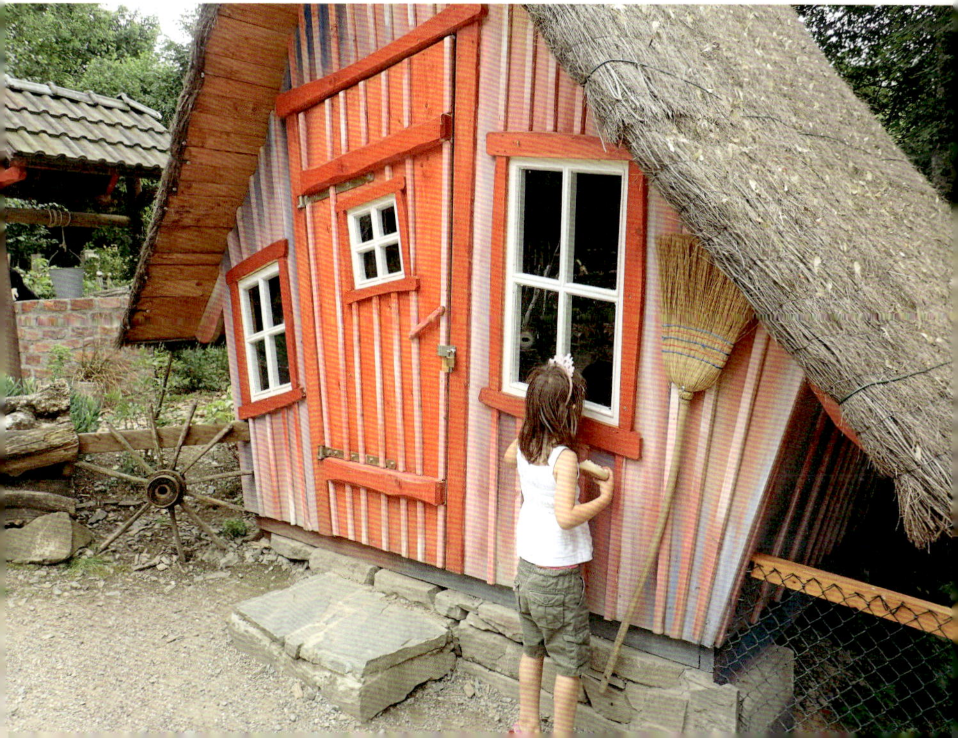

der Gruppe haben. Wer am meisten groomt und gegroomt wird, hat einen Platz ganz oben in der Rangordnung. Junge Affenmännchen kümmern sich deshalb sogar freiwillig um Jungtiere, weil sie sich damit beim Chef und bei den Weibchen einschmeicheln können.

Freche Kletterkünstler

Nicht nur Affen können besucht werden. Überall im Park kannst du Vögel in ihren Freiflug-Gehegen bestaunen. Dabei lernst du lustige Gesellen kennen. Die Schwarzhalsschwäne transportieren ihre Jungen auf dem Rücken. Der Silberwangen-Hornvogel bekommt vor lauter Horn kaum den Schnabel auf. Der Gesang des Jägerliest erklärt den anderen Namen, unter dem er bekannt ist: als „lachender Hans".

Aber es leben auch andere Tierarten in Eckenhagen: Erdmännchen, Ziegen, Otter und viele mehr. Außerdem gibt es überall Spielplätze und lustige Fahrgeschäfte. Die Grillhütten sind kostenlos. Bei Regen kannst du in das Tierhaus und in die Indoorhalle ausweichen. Dort warten zum Beispiel Trampoline, Hüpfburgen, eine Rutsche zum Bällebad und ein großes Klettergerüst auf dich.

Bunte Gärten

Fünf wunderschöne Gärten mit Blumen und Vögeln laden zu Abstechern ein: Bauerngarten, mediterraner Garten (hier wachsen Mittelmeerpflanzen), Fasanengarten, Weißer Garten und Hexengarten. Im Hexengarten kannst du auf den Schildchen lesen, welche Kräuter wozu verwendet werden. Zudem krächzen riesige Kolkraben: Ob vielleicht gleich eine Hexe aus dem schiefen Häuschen tritt?

Mama-Taxi für Mini-Schwäne!

Info

AFFEN- UND VOGELPARK ECKENHAGEN
Am Bromberg 6
51580 Reichshof-Eckenhagen

Tel. (0 22 65) 87 86
www.affen-und-vogelpark.de

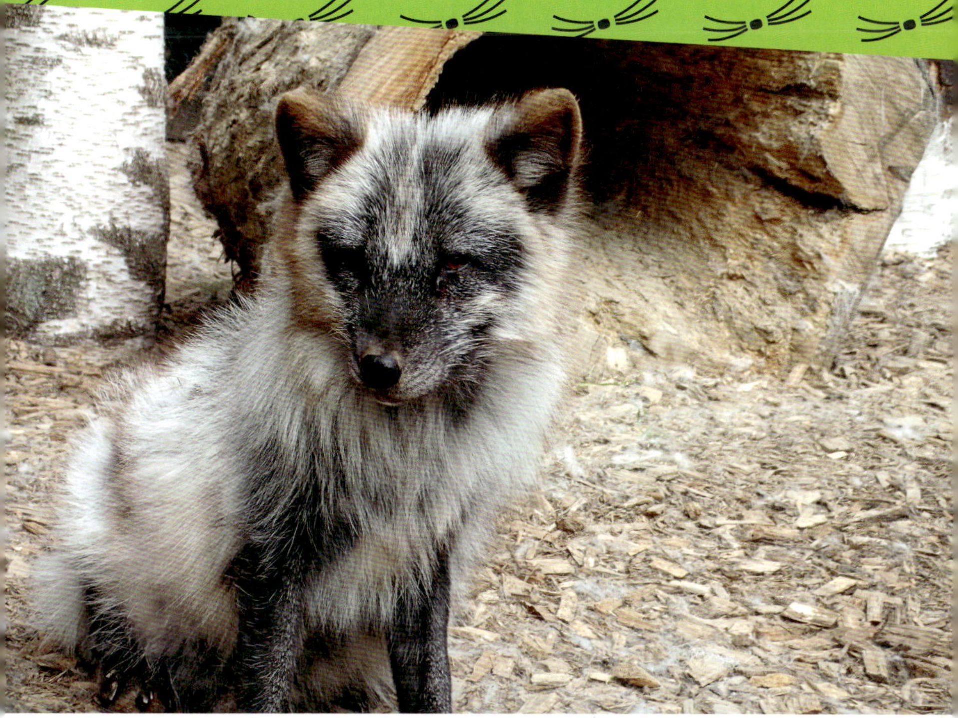

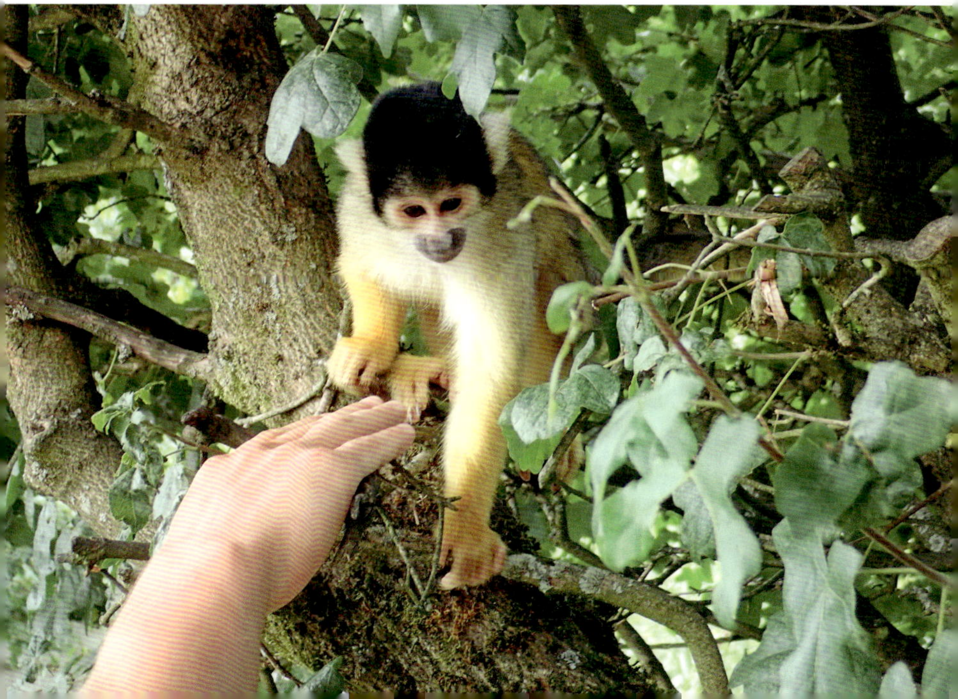

23

Solinger Vogel- und Tierpark, oder:
SIND WASCHBÄREN REINLICHER ALS ANDERE BÄREN?

Im Vogelhaus wohnt Igor, der Kongo-Graupapagei. Der schlaue Kerl kann bis neun zählen und spricht ins Funkgerät der Tierpfleger, wenn er es vor den Schnabel bekommt. Ob er wohl nachts mit dem Eichelhäher Elvis quatscht? Der kann nämlich auch sprechen.

Es gibt aber noch viel mehr Tiere im Solinger Vogel- und Tierpark. Waschbären zum Beispiel. Wobei der Waschbär eigentlich Fühlbär oder Tastbär heißen müsste, denn er verlässt sich lieber auf seine Vorderpfoten als auf seine Augen. Weil er alles erfühlt, sind seine Pfoten viel in Bewegung. Hat er einen Fisch gefangen, entschuppt er ihn unter Wasser. Das sieht dann so aus, als würde er den Fisch waschen. Und schon hat der Bär seinen Namen!

Im Solinger Vogel- und Tierpark leben die Waschbären mit den Marderhunden zusammen. Die sehen ihnen zwar etwas ähnlich, aber das eine sind Kleinbären, das andere Hunde. Erkennst du das Holzboot und andere ungewöhnliche Dinge? Das liegt an dem Motto des Geheges: „Gestrandet in Deutschland". Denn Waschbären und Marderhunde lebten nicht immer in Deutschland. Wegen ihrer Pelze wurden sie aus Amerika und Asien nach Europa verschleppt. Man züchtete sie auf Pelzfarmen und tötete sie, um aus ihrem Fell wärmende Kleidung herzustellen. Einige Tiere konnten aus den Pelzfarmen fliehen oder wurden freigelassen. Ihre Nachkommen leben nun in den Wäldern in ganz Deutschland. Und fühlen sich hier wohl! Tierarten, die in jüngerer Vergangenheit eingewandert sind, nennt man Neozoen. Waschbären halten keinen Winterschlaf wie der

Braunbär, sondern eine Winterruhe. Ihr Schlaf ist nicht so tief; manchmal stehen sie auf, um zu fressen oder ihre Blase zu entleeren.

Hier kommt die Maus

Im Tierpark gibt es aber nicht nur Neozoen. Echte heimische Tiere sind ebenso zu finden wie Exoten, die bei uns eigentlich in Zoos leben. Ein ganz besonderes Tier findest du am „Mauseloch": Unten im Gehege tummeln sich etwa 40 Farbmäuse. Wenn du nun nach oben schaust, siehst du eine Maus, die du bestimmt eher aus dem Fernsehen als aus dem Zoo kennst ...

Känguru Lumpy ist ein Albino

Mit tollem Spielplatz!

Zwei Gehege weiter leben Maras. Sie sind die großen Verwandten der Meerschweinchen und sehen aus wie Hasen mit kurzen Ohren. Die Raubkatzen mit dem Namen Serval haben ein wunderschönes Fell, das früher auch zu Pelzen verarbeitet wurde. Die Kappengeier nebenan fressen am liebsten Aas, also altes, verwesendes Fleisch. Frisches Fleisch mögen sie gar nicht gerne, das bleibt dann schon mal einen halben Tag in der heißen Sonne liegen Vor den Stinktieren sei gewarnt: Sie spritzen zwar nur im Notfall, dafür aber fünf Meter weit.

Am Ende der Runde kannst du zu den Ziegen ins Gehege klettern oder auf dem Spielplatz toben. Und hier noch ein Tipp für jüngere Geschwister: Im Kirschbaum wohnt die Schnullerfee!

Info

SOLINGER VOGEL- UND TIERPARK
Hermann-Löns-Weg 71   Tel. (02 12) 7 59 36
42697 Solingen-Ohligs

WIE KAM DER LÖWE AUF SO VIELE WAPPEN?

„Bergischer Löwe" heißen Restaurants, Kneipen, Bürgerhäuser und sogar ein Dampfzug. Auf etlichen Wappen von Städten, Dörfern und Vereinen im Bergischen Land ist er zu finden. Auch auf Firmenschildern ist er zu sehen. Wer aber ist dieser aufrecht stehende, rote Löwe mit den zwei Schwänzen? Und was macht ein Löwe im Bergischen Land?

Dazu müssen wir gedanklich nach Westen bis hinter Aachen – und in der Geschichte weit zurück – reisen. Vor 1000 Jahren lebten die Herzöge von Limburg im gleichnamigen Herzogtum. Ein Adliger namens Theoderich hatte nach dem Bau eines neuen Schlosses genug von der geerbten Wappenrose. Er wählte einen Löwen zum neuen Wappentier. Der Löwe war und ist sehr beliebt, denn jeder Ritter, Graf oder Herzog wäre nur zu gerne so stark, mutig und mächtig gewesen wie der Löwe. Nicht umsonst wird er „König der Tiere" genannt. Der Limburgische Löwe ist rot, hat wie viele Wappenlöwen zwei Schwänze, steht aufrecht und trägt eine goldene Krone. Auch seine Zunge und seine Krallen sind golden.

Heinrich IV. von Limburg war mit Irmgard von Berg verheiratet. Als der letzte Graf von Berg starb, fiel der Grafentitel an Heinrich. Er sorgte dafür, dass sein Limburgischer Löwe auch im Bergischen Land ins Wappen eingefügt wurde. Um seine Grafschaften aber nicht zu verwechseln, hat der Bergische Löwe eine blaue Krone, blaue Krallen und eine blaue Zunge.

Kommst du vielleicht aus Düsseldorf? Dann schau dir einmal das Stadtwappen an: Der Bergische Löwe hält einen Anker in den Pranken. Auch auf anderen Stadtwappen hält er Dinge fest. Damit soll auf den ersten Blick erkennbar sein, aus welcher Stadt oder Gemeinde dieser Löwe kommt. Der

Düsseldorfer Anker steht für die Schifffahrt auf dem Rhein. In Wuppertal-Cronenberg trägt der Löwe als Hinweis auf die Klingenindustrie eine Sensenklinge, in Radevormwald einen goldenen Schlüssel, in Burg an der Wupper ein Ritterschwert. Auf manchen Wappen ist er auch nur halb zu sehen, weil in der unteren Wappenhälfte etwas anderes abgebildet ist. Und auf anderen Wappen läuft er auf allen vieren. In Bergisch Gladbach hat er sogar die Farbe gewechselt und ist golden statt rot.

Das Bergische Land ist löwenstark !

Zoo Wuppertal, oder:
WIE SEHEN PINGUINE VON UNTEN AUS?

Viele Tiere aus aller Welt leben im Wuppertaler Zoo. Besonders gerne hat man hier wohl die Königspinguine, denn man hat sie zu den Wappentieren des Zoos erklärt. Du erkennst sie an ihrem spitzen Schnabel, den schwarzen Füßen und dem gelben Kragen. Extra für die Königspinguine rieselt im Pinguinhaus künstlicher Schnee von der Decke. Auch das Wasser ist so kalt, wie es diese Vögel mögen. Spannend wird es, wenn du die Treppe hinabsteigst, denn dort unten verläuft ein 15 Meter langer Tunnel aus Acrylglas. Du kannst hindurchlaufen, während die Pinguine neben und über dir durch das Wasser flitzen.

Besonders schnell sind die Eselspinguine unterwegs, sie haben ein schwarz-weißes Gefieder und helle Füße. Aber auch die Königspinguine machen unter Wasser eine gute Figur. Fast scheint es, als würden sie fliegen.

Im Wuppertaler Zoo leben viele Raubkatzen. Die einfarbigen Löwen und die gestreiften Tiger kann fast jeder erkennen. Aber kennst du dich auch mit den gepunkteten Großkatzen aus? Der Gepard hat viel längere Beine als alle anderen Großkatzen. Beim Leoparden sind oft drei bis fünf schwarze Punkte um einen braunen Punkt angeordnet, und sein Fell ist gelbbraun. Ähnlich sieht der Jaguar aus: In dem von schwarzen Flecken umringten braunen Punkt entdeckst du kleine schwarze Pünktchen. Die Flecken des Schneeleoparden sind heller als beim Leoparden, das Fell cremeweiß oder beige. Der Nebelparder sieht aus wie ein kleiner Leo-

Info

ZOOLOGISCHER GARTEN DER STADT WUPPERTAL
Hubertusallee 30
42117 Wuppertal

Tel. (02 02) 5 63 36 00
www.zoo-wuppertal.de

pard, aber er hat große, nebelhafte Flecken, denen er auch seinen Namen verdankt.

Kennst du die Geschichte von Tuffi, dem Elefantenkind, das 1950 aus der Wuppertaler Schwebebahn fiel? Im Zoo Wuppertal gibt es seit Mitte 2016 wieder eine kleine Tuffi bei den afrikanischen Elefanten. Und die Zooleute haben fest versprochen, gut auf die neue Tuffi aufzupassen. Sie wird auf keinen Fall mit der Schwebebahn fahren!

Außerdem kannst du auf Zoosafari gehen und dabei noch viel mehr Spannendes über die Tiere erfahren. Du bekommst die Zoosafari an der Kasse oder kannst sie dir vorher auf der Zoo-Homepage herunterladen und ausdrucken.

Nachtaktive Tiere beobachten bei der Abendführung

25

Erlebnisbauernhof Krewelshof, oder:
SIND ESEL WIRKLICH SO STUR?

Wenn die Esel auf dem Krewelshof Lust haben, lassen sie sich streicheln und füttern. Zur Fütterstunde nehmen Betreuer kleine Kindergruppen mit ins Gehege – die Esel lassen sich dann aus der Hand füttern. Haben sie aber keine Lust, dann hilft auch Rufen oder Anlocken mit Äpfeln nicht!

Esel haben einen schlechten Ruf. Immer wieder wird gesagt, sie seien stur, faul und dumm. Das stimmt gar nicht! Sie haben manchmal einfach nur Angst. Wird die Situation für einen Esel unangenehm, bleibt er einfach stehen. Das liegt daran, dass Esel ursprünglich aus dem Bergland stammen.

Für Pferde und andere Steppentiere ist Weglaufen bei Gefahr die richtige Reaktion. Eine kopflose Flucht in den Bergen könnte aber einen tödlichen Sturz zur Folge haben. Esel sind auch keine Herdentiere, die einem Leittier bedingungslos folgen. Gefällt einem Esel der eingeschlagene Weg seines Vordermannes nicht, sucht er sich einen anderen. Das ist alles andere als dumm, oder?

Die Knuddelstunde bei den Meerschweinchen und Kaninchen ist um 15 Uhr. Die Krewelshofer Milchziegen können leider nicht gestreichelt werden, denn die streichelnden Menschen könnten Krankheiten übertragen. Ihre Milch wird getrunken und zu Käse verarbeitet, daher dürfen die Ziegen nicht krank werden und stehen im geschützten Stall. Zwischen 17 und 18 Uhr kannst du am Schaufenster zusehen, wie sie gemolken werden. Alle Tiere stehen nebeneinander,

info

KREWELSHOF LOHMAR
Krewelshof 1
An der Burg Sülz 1
53797 Lohmar

Tel. (0 22 05) 89 77 06
www.krewelshof.de

weil sie nicht mit der Hand, sondern mit einer Melkmaschine gemolken werden. Im Hof-Café kannst du Ziegenmilch probieren. Schmeckst du den Unterschied zur Kuhmilch?

Nach so viel Fürsorge für die Tiere möchtest du dich bestimmt bewegen. Du kannst wählen zwischen Hüpfkissen, Trampolin und Tret-Karts. Weiter hinten im Gelände kannst du im Sand sogar nach Goldnuggets, also kleinen Goldklumpen, suchen. Und noch mehr Sand gibt es auf dem Sand- und Matschplatz. Im Sommer verspricht die riesige Wasserrutsche Abkühlung. Und in den Sommerferien stehen freitags und sonntags Wasserspiele auf dem Programm, dazu gibt es täglich um 14 Uhr eine kostenlose Kreativ-Werkstatt, wo mit ganz unterschiedlichen Materialien zu verschiedenen Themen gebastelt wird. Bei kühlem Wetter lädt die Spielscheune zu einem Alternativprogramm ein.

Großelterntag: Mittwochs zahlen Oma und Opa keinen Eintritt

Mit dem Beginn der Sommerferien wird das Maislabyrinth offiziell geöffnet; ab Juli steht der Mais hoch genug für dich. Vorher haben schon die ganz Kleinen Spaß beim „Verirren" – und die Eltern behalten den Überblick. Bis Halloween bleibt das Labyrinth geöffnet, und weiße Geister spuken durchs Feld. Gute und böse!

Tropfsteinhöhle Wiehl, oder:
WIE ENTSTEHT EIN STEINELEFANT AUS WASSERTROPFEN?

Für den Besuch in einer Tropfsteinhöhle solltest du dich passend anziehen. Das ganze Jahr herrschen dort 8° C – da kannst du an einem heißen Sommertag unerwartet Gänsehaut bekommen. Nimm außerdem eine Taschen- oder Stirnlampe mit. Damit kannst du in kleine Neben- höhlen leuchten und Kristalle zum Funkeln bringen.

Vom Waldhotel aus führt der Weg über Stufen und unter- irdische Wege bis zu 30 Meter unter die Erdoberfläche. Es scheint fast so, als würde man die Kellertreppe des Hotels hi- nabsteigen. Am Treppenfuß stehst du dann in einer Höhle. Und was macht sie zur Tropfsteinhöhle? Tropfen dort Steine von der Höhlendecke? Nein, natürlich nicht! Vielmehr bil- det in dieser Höhle tropfendes Wasser neue Steine.

Wenn in einer Höhle kalkhaltiges Wasser von der Decke tropft, bleiben von jedem Wassertropfen winzigkleine Reste von Kalk zurück. Daraus wachsen sogenannte Stalaktiten, das sind Tropfsteine an der Höhlendecke. Wenn die Trop- fen immer auf dieselben Stellen am Höhlenboden fallen, entstehen Stalagmiten. Je langsamer das Wasser fließt, desto größer werden die Stalaktiten. So ist es auch in der Wiehler Höhle. Übrigens dauert es rund 1000 Jahre, bis der Tropf- stein um einen Zentimeter gewachsen ist! Wenn du dir nicht mehr sicher bist, was ein Stalaktit und was ein Stalag- mit ist, hilft Folgendes: In der Aussprache unterscheiden sie sich nur durch das T und das M. Die von oben tropfenden Stalaktiten sind so dünn wie ein T. Die unten entstehenden

Info

WALDHOTEL TROPFSTEINHÖHLE
Pfaffenberg 1
51674 Wiehl

Tel. (0 22 62) 79 20
www.waldhotel-wiehl.de

Stalagmiten sind viel breiter, so wie auch das M viel breiter ist als das T.

Wo sich beide treffen, bilden sie Säulen. Eine davon wird von fast jedem Besucher fotografiert, denn mit etwas Fantasie erkennt man in ihr einen Elefantenrüssel. Andere Tropfsteine erinnern an Haifischzähne, eine Schildkröte, einen Vorhang, eine Zwiebel oder einen Dinosaurier.

Apropos Licht: Sind dir die Pflanzen in der Nähe der Lampen aufgefallen? Das Wasser transportiert nicht nur Kalk von der Erdoberfläche in die Höhle, sondern auch Sporen von Algen, Moosen und Farnen. Diese Pflanzen sind so bescheiden in ihren Ansprüchen, dass sie nicht einmal Sonnenlicht benötigen. Sie begnügen sich mit dem Kunstlicht und bringen ein fröhliches Grün an viele beleuchtete Stellen in der Höhle.

1860 bei Sprengungen entdeckt

27

Baumwipfelpfad Panarbora, oder:
WIE SEHEN BÄUME VON OBEN AUS?

Eine kleine Wanderung von nur 1635 Metern ist gleichzeitig eine der spannendsten Wanderungen im ganzen Bergischen Land. Normalerweise wanderst du am Boden und schaust zu den Bäumen hinauf. Auf dem Baumwipfelpfad ist es anders. Von einem hohen Holzsteg siehst du in die Baumkronen und an einigen Stellen sogar von oben auf die Bäume herab.

Panarbora ist eine Zusammensetzung aus ganz alten Wörtern. Pan war im alten Griechenland der Gott des Waldes, er beschützte die gesamte Natur. Arbor ist das lateinische Wort für Baum. Wie übersetzt du „Pan-Arbora"? Vielleicht mit „Natur-Bäume" oder „beschützter Wald"? Wenn du zwischen den Baumwipfeln unterwegs bist, fällt dir vielleicht selbst noch eine bessere Übersetzung dieser Wortneuschöpfung ein.

Spannende Lerninseln

An sechs Lerninseln kannst du Rätsel rund um den Wald lösen. Auf einem Bildschirm werden Waldgemeinschaften erklärt. Das sind keine Vereine, sondern Pflanzen und Tiere, die gut an einer Stelle miteinander leben können. Kannst du das Waldpuzzle lösen? Und schaffst du es, bei den Zauberbäumen die Baumkronen mit den richtigen Stämmen und Wurzeln zu kombinieren? Das können die wenigsten Erwachsenen!

An einer Stelle geht es um „Totholz". Tot ist daran nur das Holz, aber es steckt voller Tiere und ist sehr wichtig für den Wald. Wenn du Steinläufer, Widderbock, Springschwanz, Mauerassel und andere Tiere auf dem Bildschirm fängst, erscheint eine genaue Erklärung zu jeder gefangenen Tierart.

Hinter der Aussichtskanzel lernst du, dass es manchen Wäldern gar nicht guttut, vollkommen in Ruhe gelassen zu werden. Manchmal ist es sinnvoller, wenn der Mensch der Natur bei ihrer Entwicklung hilft. Der Niederwald zum Beispiel braucht vier Phasen, um nicht zu hoch zu wachsen: Kahlschlag-, Licht-, Busch- und Wald-Phase, dann beginnt es wieder von vorne mit der Kahlschlagphase.

Ohne Stufen und Stolperstellen, also auch für Buggy, Laufrad und Rollstuhl geeignet, bist du an manchen Stellen 23 Meter über dem Waldboden unterwegs. Aber es geht noch weiter hinauf: Höhepunkt deiner Wanderung ist bestimmt der 40 Meter hohe Aussichtsturm. Auf den ersten Blick wirst du sagen, es ist ein Holzturm. Aber außer dem vielen Holz wurden hier auch 200 Tonnen Stahl verbaut. Findest du bei deinem Aufstieg die Stellen mit dem Stahl?

Hoch
hinaus
ohne
Stufen

Der Turm ist barrierefrei, das heißt, es gibt also auch hier keine Stufen. Stattdessen läufst du im Kreis immer weiter hinauf. An manchen Tagen kannst du von oben bis zum Siebengebirge und nach Köln sehen. Hast du beim Abstieg gezählt, wie viele Etagen der Turm hat?

Gute Nacht!

Der Baumwipfelpfad und der Aussichtsturm gehören zur Jugendherberge Waldbröl. Das ist nicht einfach nur ein großes Gebäude. Vielmehr hast du die Wahl, im Familienhaus, einem der Baumhäuser oder einem der Dörfer Bandigara, Muracao und Karakorum zu schlafen! Afrikanische Lehmhütten, südamerikanische Stelzenhäuser und asiatische Jurten (Nomadenzelte) stehen ebenfalls zur Auswahl.

Tagesbesucher und Herbergsgäste können sich im Restaurant stärken, bevor sie den Abenteuerspielplatz, den Hecken-Irrgarten, den Sinnesparcours oder den Spieltunnel erkunden.

Totholz steckt voller Leben !

Info

JUGENDHERBERGE WALDBRÖL „PANARBORA"

Naturerlebnispark
Nutscheidstraße 1
51545 Waldbröl

Tel. (0 22 91) 90 86 50
www.panarbora.de

Totholz ist der ideale Lebensraum für viele Insekten. Es müssen nicht unbedingt moderig-feuchte Äste auf dem Waldboden sein, um den kleinen Tieren das Leben zu erleichtern. Mit wenigen Hilfsmitteln kannst du ein Insektenhotel bauen, in dem sich auf eurem Balkon oder in eurem Garten die verschiedensten Hotelgäste wohlfühlen. Den Rohbau zimmerst du aus alten Holzbrettern. Du sägst sie mit Hilfe eines Erwachsenen so zurecht, dass du ein Rechteck daraus bildest und nagelst sie zusammen. Aus zwei weiteren Brettern baust du das Dach, sie sollten etwas breiter sein, damit es nicht sofort in die Hotelzimmer hineinregnet. Wenn du magst, baust du mit dünnen Latten noch kleine Zimmer.

Wie in Menschenhotels haben die Gäste unterschiedliche Wünsche an das Hotelzimmer. Bei Insekten wird aber nicht nach Einzelzimmer oder Familienzimmer, Dusche oder Badewanne, Meerblick oder Minibar gefragt. Sie wollen zwar auch alle ein Dach über dem Kopf haben, benötigen aber verschiedene Nistmaterialien:

1 **Baumrinde hinter Drahtgitter: Marienkäfer**
2 **Hängende Miniblumentöpfe aus Ton,**
   gefüllt mit Holzwolle: Ohrwürmer
3 **Strohhalme: Florfliege, Ohrwurm**
4 **Schilfrohr/Bambus: ungefährliche Wespen wie**
   Grabwespen, Lehmwespen und Goldwespen
5 **Lochziegel: Mauerbienen, Wollbienen,**
   Blattschneiderbienen

6 Schneckenhäuser hinter Drahtgitter:
   alle Wildbienenarten
7 Rundhölzer mit Bohrlöchern:
   Einzeln lebende Bienenarten wie
   Seidenbienen, Mauerbienen, Wollbienen,
   Erdwespen (friedlich)
8 Kiefernzapfen hinter Drahtgitter:
   Marienkäfer, Florfliegen, Ohrwurm,
   Laufkäfer
9 Locker gesteckte Holzspäne: Ameisen,
   Laufkäfer, Holzkäfer
10 Florfliegenkasten (rot angestrichen),
   dahinter Stroh oder Holzwolle: Florfliegen
11 Holzbrett mit Schlitz, dahinter dünne lose
   Zweige: Schmetterlinge

Die verschiedenen Materialien werden so in die Zimmer gesteckt, dass sie nicht herausfallen können. Größere Holzstücke und Ziegel klebst du fest. Runde und lose Sachen schützt du mit einem Drahtgitter. Nun hängst du das Insektenhotel an einer wettergeschützten Stelle auf (am besten mit der offenen Seite zur sonnigen Südseite) und beobachtest, was geschieht. In einem Gästebuch kannst du aufschreiben, nach wie vielen Tagen die ersten Gäste kamen. Welche Tiere haben das Hotel zuerst entdeckt? Wer benutzt sein Zimmer das ganze Jahr? Wer nur zum Überwintern? Wer zum Ausbrüten seines Nachwuchses? Welche Zimmer sind eher nachts bewohnt? Wer verschließt hinter sich den Eingang?

EXPERIMENT

28

Wildpark Wiehl, oder: UNTERSCHEIDET SICH SCHWARZWILD UND ROTWILD NUR IN DER FARBE?

Der Startpunkt für deinen Rundgang liegt an der Tropfsteinhöhle. Ein Wegweiser führt dich in den Wildpark und zum knapp zwei Kilometer langen Waldlehrpfad. Ein uriger Picknickplatz wartet auf dich, wenn du nach dem Füttern selbst Hunger hast. Und vielleicht hast du am Ende Lust auf eine Flugshow in der Falknerei? Besonders spannend ist der dritte Sonntag im September, dann wird zeitgleich mit dem Weltkindertag der Aktionstag „Auf in den Wildpark" mit vielen Mitmach- und Probieraktionen gefeiert.

Du würdest dich wundern, wie viele Erwachsene ins Stottern geraten, wenn sie den Unterschied zwischen den Wildarten erklären sollen, die in den meisten Wildparks leben: Rotwild, Schwarzwild und Damwild gibt es fast überall, vielerorts – wie hier in Wiehl – auch Sikawild und Muffelwild.

Die größten Tiere im Park sind die Rothirsche, wegen ihrer Farbe nennt man sie Rotwild. Die männlichen Tiere haben ein großes Geweih. Jedes Jahr im Frühling werfen die Hirsche ihr Geweih ab, in den folgenden fünf Monaten wächst ein neues. Jungtiere haben ein kleines Geweih, ältere Tiere ein weit verzweigtes. Siehst du zum Beispiel einen Hirschen, der ein Geweih mit zwölf Enden trägt, handelt es sich um einen Zwölfender.

Ist die Rede von Damwild, sind Damhirsche gemeint. Sie sind etwas kleiner, und ihr Geweih hat keine dünnen Enden,

Info

WILDPARK WIEHL
Pfaffenberg 1
51674 Wiehl

Tel. (01 70) 6 32 66 70
Kostenlose Parkplätze und Zugang
an der Tropfsteinhöhle

sondern dicke Schaufeln. Ihr Winterfell ist einfarbig, im Sommer tragen sie viele weiße Punkte im rostbraunen Fell. Sikahirsche ähneln in der Größe eher den Damhirschen, während ihr Geweih eher an Rothirsche erinnert. Die Hirschkühe all dieser Arten tragen kein Geweih. Aufgepasst: Auch wenn ihre kleinen Kitze für kurze Zeit weiße Punkte tragen, sind ihre Mütter keine Rehe. Rehe sind viel kleiner und leichter. Der Rehbock trägt ein kleines Gehörn mit drei spitzen Enden.

Und dann gibt es noch das Schwarzwild! Das ist aber keine besonders dunkle Hirschart, sondern ganz etwas anderes. So werden nämlich die Wildschweine genannt. Manchmal benehmen sie sich auch „wild". Wenn sie ihr Revier gegen Artgenossen verteidigen, ist man froh über den schützenden Zaun.

Mit Muffelwild sind übrigens Mufflons gemeint, also Wildschafe. Mufflonwidder, die Männchen, haben große Hörner, die schneckenförmig eingedreht sind.

Hunde an der Leine sind willkommen

29

WIE KÖNNEN WIR ERKENNEN, OB ES UNSEREM WALD GUT GEHT?

Bei einer kleinen Wanderung kannst du dir große Gedanken über den Wald machen. Denn manchmal muss man sich über selbstverständliche Dinge Gedanken machen, damit sie selbstverständlich bleiben. Ein typisches Beispiel ist der Wald. Es ist selbstverständlich, dass wir in ihm wandern, radeln und Geländespiele machen. Was aber wäre, wenn es keinen Wald mehr gäbe?

Wenn du durch den Wald von Glüder hinauf zur Strohner Höhe wanderst, den Duft von Baumharz in der Nase, kann man sich das gar nicht vorstellen. An heißen Sommertagen spendet das Blätterdach erfrischend kühlen Schatten. Vögel singen ihre Lieder, und Insekten summen um dich herum. Das alles kannst du nur in einem gesunden Wald erleben.

Einen kränkelnden Nadelwald erkennst du an Bäumen mit gelben oder braunen Nadeln. Der Baumstamm bildet Harz, das ist eine klebrige Flüssigkeit. Harz dient dazu, Wunden in der Rinde zu verschließen. Auch kranke Laubbäume sondern eine solche Flüssigkeit ab, sie bilden kleinere Blätter und verlieren sie früher, als es normal ist.

Vom Parkplatz am Balkhauser Weg (K4) folgst du der Teerstraße in Richtung Tierheim und Wasserwerk. Nach etwa 150 Metern zweigt rechts ein Waldweg Richtung Waldschule

info

WALDSCHADENSLEHRPFAD GLÜDER

Biologische Station Waldschule
Solingen
Strohner Höhe 1
42659 Solingen-Glüder

Tel. (02 12) 2 95 10 95
(Team Waldschule Solingen)
www.waldschule-solingen.de
www.berg-mark-wege.de

ab. Hier beginnt nach wenigen Metern der Waldschadenslehrpfad. Er ist nicht markiert, es gibt aber auch keine Kreuzungen oder Gabelungen, an denen du dich verlaufen könntest.

Bei „normalen" Waldlehrpfaden sind auf den Infotafeln Erklärungen zu Bäumen, Sträuchern, Pilzen, Insekten, Vögeln und anderen Waldbewohnern zu lesen. Ein Waldschadenslehrpfad ist ein spezieller Waldlehrpfad, bei dem du erfährst, wie sich ein gesunder von einem kranken Wald unterscheidet. So wird zum Beispiel je ein gesunder, ein geschädigter und ein sterbender Nadel- und Laubbaum miteinander verglichen.

Nach einer Spitzkehre führt dich der Weg auf einen Bergrücken zwischen dem Tal der Wupper und dem Tal des Sengbachs. Übersichtstafeln zeigen die Ursachen des Waldsterbens und seine Auswirkungen. Der Lehrpfad endet an der Waldschule. Sie ist nur für Gruppenprogramme geöffnet. Wenn du nicht den gleichen Weg zurückwandern möchtest, kannst du nach rechts den Wegweisern des Wanderwegs A1 folgen. Er führt zunächst weiter bergauf und dann über die Staumauer der Sengbachtalsperre. Dahinter wanderst du hinab ins Hammersbachtal, biegst vor dem Bach rechts ab und erreichst bald darauf deinen Startpunkt.

Mein Freund, der Baum

30

Um die 1773 entdeckte Aggertalhöhle zu erkunden und Gästen zu zeigen, hat man einen Stollen aus dem Tal in den Berg gebaut. Ansonsten ist die Höhle für Gänge nicht bearbeitet worden, man hat nur loses Geröll herausgeschafft und den Boden begradigt. Hier kannst du heute selbst zum Höhlenforscher werden und bei einer Führung erleben, wie es unter der Oberfläche des Bergischen Landes aussieht.

Vor langer Zeit war das Bergische Land gar nicht bergig, sondern ein flaches Meer. Gewaltige Kräfte drückten von verschiedenen Seiten, sodass sich der Meeresboden hob. Das ist so, als würdest du verschiedenfarbige Stücke Papier gestapelt auf den Tisch legen und von zwei Seiten schieben: Das Papier kann nur nach oben ausweichen und bildet einen bunten Bogen.

Einen solchen Bogen im Boden nennt man Verwerfung. In der Aggertalhöhle kannst du sie sehen: Der Kalkstein ist ganz innen und wird umhüllt von einer Schicht Granit, dann folgen zwei Schichten Sedimentgestein. Sedimente sind Ablagerungen in einem Gewässer, also Sand, Staub, Tierchen, die auf den Grund gesunken sind. In der ersten Sedimentschicht sind keine Lebewesen zu finden, in der äußersten Schicht liegen sie dicht nebeneinander. In dem warmen Meer muss es also unendlich viele Muscheln, Korallen und Schwämme gegeben haben. Wann war das? Im Erdzeitalter Devon vor mehr als 350 Millionen Jahren, also vor (!) den Dinosauriern. Die lebten nämlich erst 100 Millionen Jahre später.

info

AGGERTALHÖHLE RÜNDEROTH
Im Krümmel 39
51766 Engelskirchen

Tel. (0 22 63) 7 07 02
www.aggertalhoehle.de

Wer in der Aggertalhöhle Tropfsteine sucht, wird nur ganz kleine Exemplare finden. Das Gestein ist zu eisenhaltig; das rostige Wasser hat so viel Kohlensäure wie Sprudelwasser und löst Kalk auf. Tropfsteine bestehen aber aus Kalk. Außerdem kommt die Feuchtigkeit in der Höhle vom Grundwasser und tropft nicht von der Decke. Denn dort oben ist die Tonschicht so dick, dass sie kein Wasser hindurch lässt. Das ist aber nicht schlimm. Denn wo keine Tropfsteine sind, kannst du genau sehen, wie der Fels darunter aussieht.1170 Meter sind die Gänge insgesamt lang, davon dürfen bei den Führungen 270 Meter betreten werden. Du kannst hübsch abgerundete Ausspülungen, versteinerte Korallen – und mit etwas Glück auch Fledermäuse entdecken! Die wohnen hier und haben die Höhle von November bis März sogar für sich allein.

Jacke nicht vergessen

31

Straußenfarm Emming-hausen, oder:

STECKEN STRAUSSE WIRKLICH BEI GEFAHR DEN KOPF IN DEN SAND?

Bei einer Führung über die Straußenfarm kannst du Vögel kennenlernen, die größer sind als alle Erwachsenen. Neben dem Hofladen entdeckst du mit einem Blick über den Zaun die Jungtiere. Schon ein frisch geschlüpftes Straußenküken ist größer als ein Huhn. Bei der Führung wirst du noch viel größeren Straußen begegnen. Ob wohl einer von ihnen den Kopf in den Sand steckt?

Kennst du die Luftspiegelungen über dem Boden an ganz, ganz heißen Tagen? Das nennt man Fata Morgana. Das Licht wird an den unterschiedlich warmen Luftschichten abgelenkt. Auf einer Straße kommt es dir dann so vor, als wäre dort eine riesige Wasserpfütze, obwohl der Boden trocken ist. Auf einem anderen Untergrund siehst du vielleicht eine Spiegelung oder eine Verzerrung.

Der Strauß frisst vom Boden. Aus der Ferne betrachtet ist der Kopf nicht zu sehen, weil er in der flirrenden Luft der Fata Morgana oder in niedrigem Gras verschwindet. Wenn er sich tarnen will, legt er sich mit ausgestrecktem Hals flach auf den Boden. Durch die Farbe und das Muster seiner Federn halten seine Feinde ihn für einen Busch. Sollte ihm jemand zu nahe kommen, rennt er mit bis zu 70 Stundenkilometern davon oder greift an.

Straußenhennen wiegen um die 80 Kilo, ein Hahn kann es bis auf 140 Kilogramm bringen. Hähne sind schon über

info

STRAUSSENFARM EMMINGHAUSEN

Emminghausen 80
42929 Wermelskirchen
Tel. (01 51) 16 62 84 19

www.straussenfarm-emminghausen.de

zwei Meter groß, wenn sie entspannt stehen. Sind sie besonders aufmerksam, messen sie zweieinhalb Meter und wütend fast drei Meter, weil sie den Kopf ganz weit nach oben strecken. Erstes Anzeichen ist ein aufgerichteter Bürzel, das sind die Schwanzfedern. Spätestens wenn er beide Flügel abwechselnd schlägt, wird es kritisch. Zwar ist es schmerzhaft, wenn der Strauß sich mit seinem Schnabel wehrt, seine eigentliche Waffe ist jedoch der Fuß: Mit der Kralle kann er in freier Wildbahn sogar Löwen töten. Deshalb wird auf den Farmführungen so genau darauf geachtet, dass sich keiner den Straußen zu sehr nähert.

So kannst du übrigens einen paarungsbereiten Hahn erkennen: Sein Schnabel und seine Beine färben sich rot, als hätte er rote Schienbeinschoner angelegt.

Das Gefieder frisch geschlüpfter Küken sieht anfangs aus wie die Stacheln eines Igels. Bis sie erwachsen sind, kann keiner erkennen, ob es Hühner oder Hähne sind. Wenn du also bei den Küken graue und schwarze siehst, heißt das nicht, dass die einen Männchen und die anderen Weibchen sind.

In freier Wildbahn baden Strauße gerne im Sand. Das dürfen sie natürlich auch in Emminghausen. Zusätzlich werden sie im Sommer mit Wasserduschen verwöhnt.

Baden im Sand !

32

Kluterthöhle, oder:
WIE SIEHT EIN VERSTEINERTES KORALLENRIFF AUS?

An den Grenzen des Bergischen Landes, des Sauerlandes und des Ruhrgebiets liegt das am besten erhaltene Korallenriff Europas. Vor 360 Millionen Jahren brandete hier noch ein tropisches Meer, in dem sich Clown-, Doktor- und Kofferfische sehr wohl gefühlt hätten.

Gewaltige Kräfte falteten den Meeresboden zu einem Gebirge auf. Kalkstein wurde von Kohlensäure (CO_2) ausgelaugt, und ein riesiges Höhlensystem entstand. Als sich die Erdkruste weiter hob, sank der Wasserspiegel. Du kannst dir deshalb ohne Tauchausrüstung ein Korallenriff ansehen! Wie gut, dass die Wasserbewohner versteinerten. Bis zu deinem Besuch hätten sie sich in den vielen Jahrmillionen bestimmt nicht frisch gehalten.

Wie entstehen Versteinerungen? Stirbt ein Tier, verwest es normalerweise. Wird es aber vom Meeresboden bedeckt und dabei luftdicht abgeschlossen, stoppt die Verwesung. Das ursprünglich organische Gewebe wird ersetzt durch Mineralien, die sich im Wasser lösen, dann kristallisieren und schließlich zu Stein werden. Die Form des Tiers wird dabei nicht verändert: Ein Tierfossil entsteht.

In der Kluterthöhle entdeckst du mithilfe des Höhlenführers versteinerte Lebewesen wie Korallen, Muscheln und Schwämme. Ein Name fällt immer wieder: Stromatoporen. Das sind ausgestorbene Meerestiere, die in großen Gruppen zusammenlebten. Wie Korallen und Schwämme waren sie nicht in der Lage, ihren Aufenthaltsort zu wechseln. Es sind

KLUTERTHÖHLE UND FREIZEIT GMBH & CO. KG

Gasstraße 10   Tel. (0 23 33) 98 80 11
58256 Ennepetal   www.kluterthoehle.de

trotzdem Tiere und keine Pflanzen. Andere versteinerte Tiere wie die Perlboote (Nautilidae, haben ein spiraliges Haus wie Schnecken und einen dem Tintenfisch ähnlichen Kopf) leben heute noch in der Südsee. Im Klutertriff kannst du sie gut erkennen: Sie sind so gekrümmt wie ein Schneckenhaus.

Damit du dich in den 380 Gängen nicht verläufst, werden Führungen angeboten, denn insgesamt sind die Gänge fast sechs Kilometer lang. Bei der Höhlentour „Erste Einfahrt" lernst du die Höhle und das Korallenriff kennen. Nicht erschrecken, wenn das Licht ausgeht! Der Höhlenführer will dir eine Dunkelheit zeigen, wie du sie vielleicht noch nie erlebt hast. Mutigere Kinder melden sich für eine Schatzsuche oder eine Erlebnistour an, bei der durch enge Gänge gerobbt, gekrabbelt und gekrochen wird. Wie wär's mit deinem nächsten Kindergeburtstag 30 Meter unter der Erde?

Lichtshow mit Musik

33

Wahner Heide, oder:

WO FINDEST DU DÜNEN, OHNE BIS ZUR NORDSEE FAHREN ZU MÜSSEN?

Geisterhaft wiegten sich einst die Wacholderbüsche im nächtlichen Wind und erschreckten die Menschen, die nachts durch die Wahner Heide laufen mussten. So kam der Geisterbusch zu seinem gruseligen Namen. Auch die Namen einiger dort lebender Tier- und Pflanzenarten klingen schauerlich. Wahrscheinlich wirst du Glanrinder, Ziegen & Co. in der Nähe des Geisterbusches finden.

In der Wahner Heide gibt es auch Neuntöter, Feenkrebse, Kreuzkröten, Schwarzkehlchen, Heidekrauteulen, Besenginster und Rentierflechten, die dem Namen nach mit etwas Fantasie bei einer nächtlichen Hexenversammlung zum Einsatz kommen könnten. Tagsüber ist die Wahner Heide ein Naturschutzgebiet, wo du ganz unterschiedliche Landschaftsformen kennenlernen kannst: Kiefernwald, offene Heide – und Sanddünen!

In vier „Heideportalen", den Zugängen an den äußersten Grenzen der Heide, kannst du dich zu Beginn deines Besuchs informieren. Wenn du zum Beispiel ins Heideportal Turmhof gehst, kannst du mit weißen Tablets die Fotos von Heidetieren einfangen, die von der Decke auf den Boden projiziert werden. Auf einer Landkarte sind die Stellen markiert, an denen die Weidetiere zuletzt gesehen wurden. Diese Tiere haben eine wichtige Aufgabe zu erledigen: Sie

Info

PORTAL TURMHOF (OSTEN), Kammerbroich 67, 51503 Rösrath
PORTAL BURG WISSEN (SÜDEN), Burgallee 1, 53840 Troisdorf
PORTAL GUT LEIDENHAUSEN (WESTEN), Gut Leidenhausen 1, 51147 Köln
PORTAL STEINHAUS (NORDEN), Steinhaus 1, 51429 Bergisch Gladbach
www.wahnerheide-koenigsforst.de

halten den Bewuchs niedrig, damit die geschützte Heide-
landschaft nicht von Bäumen verdrängt wird. Dort ist die
Heide eine Sumpflandschaft mit Entwässerungsgräben, in
denen sich Libellen und Frösche wohlfühlen. Die wiederum
locken seltene Vogelarten an, die du gut beobachten kannst,
wenn du ganz leise bist.

Gar nicht feucht und sumpfig ist es an einigen Stellen
in der Südheide. Am Ende der letzten Eiszeit wurden hier
große Massen von Sand angeweht, die bis heute als Flug-
sandfelder und Dünen erhalten geblieben sind. Am besten
kannst du sie am Sallbachhügel und am Ravensberg sehen:
Sie liegen am Wegesrand der ebenfalls in den Heidewander-
plänen zu findenden Rundwanderungen Telegraphen-Tour
und Fliegenberg-Tour, die du aber nicht in ihrer gesamten
Länge wandern musst, um die Dünen zu erreichen.

Fernglas
mitnehmen

34

K1 Hochseilgarten & Kletterwald, oder:

KANN MAN IN EINEM HOCHSEILGARTEN BLUMEN PFLÜCKEN?

Natürlich wachsen keine Hochseile in einem Hochseilgarten. Wie in einem Garten befindest du dich draußen an der frischen Luft. Du pflückst aber keine Blumen und erntest kein Obst, sondern kletterst hoch über dem Boden von einem Hindernis zum nächsten durch den Wald.

Es gibt Hochseilgärten, in denen die Seile zwischen Holzpfählen gespannt sind. Hier in Odenthal gibt es aber starke Bäume, die viel robuster sind und noch dazu schön aussehen. An jedem Baum befindet sich eine Plattform, von der aus du ins nächste Abenteuer startest. Die Strecke zwischen den Plattformen nennt sich „Element". Das kann ein Netz oder ein Schwebebalken sein, vielleicht auch eine löchrige Holzbrücke, ein Gummireifen oder einfach nur Seile.

Bevor es ans Klettern geht, wirst du gemessen und gefragt, wie alt du bist. Du bekommst genau den richtigen Helm und passenden Gurt für deine Größe und dein Alter. In dem Gurt steckst du so sicher, dass der Trainer dich an der Zentralöse deines Gurtes hochheben kann. Und du bekommst gleich einen Vorgeschmack auf die Seilrutschen, die dich mit Schwung und guter Laune am Ende jedes Parcours wieder zurück auf den Boden bringen.

Parcours ist Französisch und kommt von parcourir, das heißt „ablaufen" oder „reisen". Gemeint ist eine Strecke mit Hindernissen, die du überwinden sollst. Im K1 stehen acht verschiedene Hindernisstrecken zur Auswahl. Unabhängig

Info

HOCHSEILGARTEN K1

Schallemicher Straße 40.
51519 Odenthal-Eikamp

Tel. (0 22 07) 8 47 14 40
www.hochseilgarten-k1.de

von Alter oder Größe dürfen auch schon ganz kleine Kinder in die beiden Kinderparcours – vorausgesetzt, sie sind bereit, sich Helm und Gurt anlegen zu lassen. Der hellblaue Parcours ist der leichteste, der rosa Parcours etwas länger und schwieriger. Mit einer dieser beiden Strecken kannst du beginnen, wenn du noch sehr jung bist, noch nie in einem Seilgarten warst und kleiner bist als 140 Zentimeter. Keine Angst! Du bist durchgehend gesichert und nur in Kopfhöhe deiner Eltern unterwegs.

Wenn du schon Klettererfahrung hast, kannst du dich an den anderen Rundstrecken versuchen, sofern du groß und alt genug bist. Dafür bekommst du ein anderes Gurtsystem mit einer Rolle und einem Karabinerhaken. Die Trainer erklären genau, wie du hoch oben in den Bäumen immer gut gesichert von Plattform zu Plattform kletterst. Das macht einen Riesenspaß, gerade weil die Kletterelemente hoch oben ein bisschen anspruchsvoller sind.

Gut gesichert mit Gurt und Helm !

35

Solinger Korkenziehertrasse, oder:
WAS PASSIERT MIT STILLGELEGTEN BAHNSTRECKEN?

?

Wie wär's mit einer Radtour? Du kannst am Solinger Südpark starten und kommst auf der etwa 15 Kilometer langen Bahntrasse an vielen schönen Aussichtspunkten und Stellen vorbei, die über Straßen gar nicht erreicht werden können, weil sie Teil der heute stillgelegten Bahnstrecke sind. An einer Stelle steht sogar ein alter Bahnwaggon neben der Trasse! Unterwegs kannst du dich auf Bänken ausruhen oder auf einer Skaterrampe und mehreren Spielplätzen toben.

Ein schöner Einstieg ist der Nordbahnhof. Hier gibt es einen Imbiss, einen Spielplatz und einen Bolzplatz. Prüfe vor der Abfahrt dein Fahrradlicht oder stecke eine Lampe ein, denn der Tunnel Schlagbaum ist nicht weit entfernt und über 100 Meter lang, der Ribasoltunnel immerhin noch 35 Meter.

Aber was ist überhaupt eine Bahntrasse? Manche Bahnstrecken werden nicht mehr benötigt. Zum Beispiel dann, wenn die Leute lieber Auto als Zug fahren. Dann wird die Bahnstrecke dem Eigentümer irgendwann zu teuer. Er entscheidet, sie stillzulegen. Und still ist es dann wirklich auf den Gleisen, denn es fahren ja keine Züge mehr.

Die Schienen liegen nutzlos im Gelände. Wenn keiner kommt, um vielleicht eine Museumsbahn zu betreiben oder mit Eisenbahn-Draisinen (das sind Schienenfahrzeuge, die du mit Muskelkraft bewegst) darauf zu fahren, ist es besser, die Schienen abzubauen. Das Eisen lässt sich prima wiederverwenden, es wird eingeschmolzen und zu anderen Dingen verarbeitet. Die Bahnschwellen, also die dicken Holzklötze,

Info

KORKENZIEHERTRASSE
SÜDPARK SOLINGEN
42651 SOLINGEN

auf denen die Schienen lagen, werden auch entfernt. Was danach übrig bleibt, ist die sogenannte „Bahntrasse": Gemeint ist der Verlauf der ehemaligen Bahnstrecke, der in der Landschaft immer noch zu sehen ist. Manchmal liegt die Trasse auf einem Damm, wenn die Landschaft zu uneben ist. Und um größere Täler zu überwinden, waren Brücken nötig. Mitunter wurde sogar ein Tunnel in einen Berg gesprengt.

Vor 120 Jahren wurde vom Bahnhof Vohwinkel eine Bahnstrecke nach Solingen gebaut. Bis dahin wurden die Rohstoffe mit Handkarren und Pferdefuhrwerken zu den Fabriken gebracht und die fertigen Waren genauso mühsam wieder zurück zum Bahnhof. Die vielen Berge und Täler zwischen der Solinger Innenstadt und dem Vohwinkeler Bahnhof verhinderten eine Bahnstrecke in einer geraden Linie. Also führte man die Strecke in zwei S-Kurven von Solingen über Wald und Gräfrath nach Vohwinkel. Von oben sieht die Form dieser Trasse wie ein Korkenzieher aus! Schon im Zweiten Weltkrieg wurde der Personenverkehr eingestellt, 1958 auch der Güterverkehr. Die Schienen wurden abgebaut. Die übrig gebliebene Trasse wurde zu Fuß- und Radwegen umgebaut.

Kaum Steigungen oder Gefälle!

36

Opa Wowefs Räuberpfad, oder:
WIE FUNKTIONIERT GEOCACHING?

Eine ganz besondere Schatzsuche verbirgt sich hinter dem Begriff Geocaching. Du brauchst dazu einen GPS-Empfänger, der wie ein Navigationsgerät über Satellit deinen Standort ermittelt, und einen Internetanschluss. Für den Anfang findest du sicherlich beides im Smartphone deiner Eltern. Milliardenteure Satellitentechnik ermöglicht dir nun eine spannende Schatzsuche.

Auf Geocaching-Seiten im Internet oder mit einer Geocaching-App findest du viele schöne Geocaches. Es gibt „Tradis", das sind traditionelle „normale" Geocaches, bei denen eine Koordinate angegeben ist. Wenn du mithilfe des GPS-Empfängers oder der App zu dieser Koordinate gelaufen bist, findest du eine kleine Dose, die jemand anderer dort versteckt hat. Darin ist ein Logbuch, in das du deinen Namen und das Datum schreibst. Manchmal sind auch kleine „Schätze" darin zu finden: Spielzeug, Halbedelsteine, Haarspangen und andere Dinge. Davon darfst du dir eins nehmen, legst aber ein anderes Teil hinein, das du von zu Hause mitgebracht hast, damit die Dose nie leer wird. Außer den „Tradis" gibt es noch viele andere Cachesorten. Die wichtigsten sind Multicaches und Rätselcaches. Bei Multicaches läufst du erst einige Stationen ab, bevor du die Dose findest. Das Ziel eines Rätselcaches findest du nur, wenn du die richtige Koordinate erraten hast.

Auf Schatzsuche

Eine sehr schöne Runde für den Einstieg ist „Opa Wowefs Räuberpfad". Wenn du diesen Namen in die Cachesuche eingibst, erscheinen sieben einzelne Tradis. Das ist also eigentlich ein Multicache, aber viel besser: Selbst wenn du mal eine Zwischenstation nicht findest, hast du bei den anderen Stationen Erfolg und musst nicht enttäuscht aufgeben, weil du nicht weißt, wie es weitergeht.

Die Runde ist ungefähr 2,5 Kilometer lang und lässt sich auch mit jüngeren Geschwistern im Buggy gut befahren. Für die Caches muss der breite Schotterweg immer wieder für ein paar Meter verlassen werden. Der Weg führt durch den Wald und am Stausee entlang, macht also auch Hunden Freude. Nur die letzten etwa 100 Meter führen an der Straße entlang, hier passt du bitte auf die schnellen Autos auf.

Gestartet wird auf dem Parkplatz der Lingese-Talsperre. Wie der Name „Räuberpfad" schon sagt, musst du einiges über Räuber und Seeräuber wissen, um am Ende alle Schätze

Schnitzel-
jagd mit
GPS

zu finden. Räuber und Piraten waren zwar oft keine netten Menschen, trotzdem (und vielleicht gerade deshalb) sind einige von ihnen berühmt geworden. Opa Wowef, der sich diese Cacherunde ausgedacht hat, stellt euch an den einzelnen Stationen jeweils eine Frage. Manche Räuberrätsel lassen sich eher von deinen Eltern beantworten, bei anderen weißt du aber bestimmt besser Bescheid. Notiere dir für A bis F die Ziffern der richtigen Antworten. Wenn du alle sechs Caches gefunden hast und alle Fragen richtig beantwortet sind, kannst du am Ende einen Rätselcache knacken.

Das sind deine Stationen:

A: N51° 05.725   E007° 32.082

B: N51° 05.614   E007° 31.945

C: N51° 05.595   E007° 31.802

D: N51° 05.643   E007° 31.688

E: N51° 05.817   E007° 31.852

F: N51° 05.880   E007° 32.168

Auf der Internetseite und in der App gibt es dazu sogar noch Tipps zum leichteren Finden der Dose und Fotos vom Versteck. Das ist aber vielleicht gar nicht nötig. Auch jüngere Kinder finden die Stationen ohne Extratipps und Fotos.

Hast du alle sechs Dosen gefunden? Dann gibt es noch einen tollen Abschluss, denn Opa Wowef hat für die besten Schatzsucher einen Bonuscache versteckt. Dazu nimmst du nun die sechs Zahlen zur Hilfe, die du als Antworten A bis F bei den Fragen über Räuber und Seeräuber notiert hast. Hier fügst du sie ein:

PARKPLATZ LINGESETALSPERRE   51709 Marienheide-Oberwipper

Linger Straße   (in Marienheide Richtung Linde fahren)

N51° 05.(A)(B-3)(C-3) E007° 32.(D-1)(E+4)(F)

Du hast auch diese Dose gefunden? Glückwunsch, dann bist du kein Anfänger mehr!

Proficacher werden diese Runde um einen weiteren Tradi erweitern wollen, der auf der Strecke liegt. Wem diese erste Runde gut gefallen hat, der kann am Wanderparkplatz sofort mit „Oma Dittes Kinderrunde" loslegen. Sie ist ähnlich aufgebaut wie die Räuberrunde und genauso lang. Die Fragen sind prima zu lösen – und am Ende wartet wieder ein Bonuscache auf dich!

Schatzsuche im Wald

Talsperren, oder:
WARUM GIBT ES SO VIELE STAUSEEN IM BERGISCHEN LAND?

Von den Wuppertalern heißt es, sie würden schon mit dem Regenschirm in der Hand geboren. Das hört sich witzig an und stimmt natürlich nicht. Aber damit will man sagen, dass es in Wuppertal besonders oft und viel regnet. Wenn man das Wetter in Wuppertal mit anderen Großstädten in Deutschland vergleicht, ist Wuppertal wirklich die nasseste Stadt von allen. Im Jahr werden durchschnittlich 1154,1 Liter Wasser je Quadratmeter gemessen.

Zum Vergleich: In Magdeburg sind es durchschnittlich nur 475,8 Liter Wasser in der gleichen Zeit. Auch Köln, Berlin, Hamburg, München und viele andere Städte wurden vom Deutschen Wetterdienst untersucht. Überall gab es weniger Niederschlag als in Wuppertal. Niederschlag? Das ist jede Art von Wasser, die vom Himmel kommt: Schnee, Graupel, Hagel, Morgentau, Nieselregen, Sprühregen, Starkregen, Platzregen und Dauerregen. Das Wetter macht natürlich nicht an der Wuppertaler Stadtgrenze Halt. Auch im restlichen Bergischen Land regnet es reichlich. Das hat mit der vorherrschenden Windrichtung in dieser Gegend zu tun. Die Wolken wehen vom Westen durch die Ebenen der Zülpicher Börde und der Kölner Bucht, stoßen nun auf die Hügel und Berge des Bergischen Landes und regnen dabei ab.

Die Menschen im Bergischen Land nutzen das Wasser und bauen Talsperren. Das ist so, als würdest du mit ein paar Freunden die Steine in einem Bach so gut stapeln, dass sich dahinter das Wasser staut. Baut man deine Wassersperre ganz groß in das Tal eines Bachs, nennt man sie „Talsperre". Diese Staumauern sind meistens zum Wasser hin halbrund gebaut, damit das Wasser die Steine oder den Beton

Viel Regen hat auch Vorteile !

der Mauer nicht das Tal hinabdrücken kann. Die Sperre verhindert, dass das Wasser ungehindert ins Tal fließen kann: Es staut sich hinter der Talsperre zu einem See – dem Stausee. Oft wird von Talsperre gesprochen, wenn eigentlich der Stausee gemeint ist. Diese Bezeichnungen liest du auch hier im Buch, damit du beim Lesen der Straßenschilder bei der Anreise nicht irritiert bist.

So viel Wasser

Im Bergischen Land gib es 14 Stauseen, es gilt daher als die stauseenreichste Region Europas. Das Wasser des Sees kann auf verschiedene Weisen genutzt werden. Große Dhünn-Talsperre, Genkeltalsperre, Kerspetalsperre, Neyetalsperre, Obere Herbinghauser Talsperre, Schevelingertalsperre (Silbertalsperre), Sengbachtalsperre und Wiehltalsperre sind Trinkwassertalsperren. Sie stellen sicher, dass die Menschen im Bergischen Land zu jeder Zeit frisches Trinkwasser haben, selbst in langen trockenen Sommern. Allein die Große Dhünn-Talsperre versorgt über eine Million Menschen täglich mit Trinkwasser. Damit das Wasser nicht verunreinigt wird, sind hier Schwimmen und Wassersport verboten.Es werden allerdings nicht alle Stauseen für Trinkwasserversorgung genutzt. Mit der Aggertalsperre wird Strom erzeugt. Bevertalsperre, Brucher Talsperre, Lingesetalsperre und Wuppertalsperre dienen dem Hochwasserschutz und der Flussregulierung. Wenn ein Fluss zu wenig Wasser führt, wird er mit Talsperrenwasser aufgefüllt. Bei Hochwasser wird ein Teil seines Wassers im Stausee gehalten, um Überschwemmungen unterhalb der Talsperre zu verhindern. Und sie sind Freizeittalsperren! Hier kannst du nach Herzenslust wandern, schwimmen, segeln, paddeln oder Tretboot fahren. Auch Angeln, Tauchen und Campen sind erlaubt.

37

Das Bergische Land muss nicht unbedingt vom Land aus erkundet werden. Eine ganz andere Sicht bekommst du bei einer Bootsfahrt. Das kann im eigenen Schlauchboot sein, oder du mietest dir für eine Stunde oder einen Nachmittag ein Boot. Auf geht's zu einer schweißtreibenden Sporttour oder einem gemütlichen Badeausflug. Ganz wie du es magst! Dazu bietet sich die Aggertalsperre an, hier hast du eine große Auswahl bei den Mietbooten und eine besonders lange Fahrstrecke.

Willst du eher die Beine trainieren, nimmst du ein Tretboot. Du trittst in die Pedale wie bei einem Fahrrad und drehst auf diese Weise ein Rad mit kleinen Wasserschaufeln, das aussieht wie das Wasserrad einer Mühle. Es funktioniert aber genau andersherum: Beim Mühlrad geht die Kraft vom Wasser ins Rad über. Beim Tretboot wird die Kraft vom Rad aufs Wasser übertragen. Es gibt sogar Tretboote mit Badeplattform, die an richtig heißen Tagen im Sommer ideal für Schwimmpausen während der Bootstour sind.

Deine Armmuskeln trainierst du bei Ruder- und Paddelbooten. Beim Rudern sitzt du mit dem Rücken zur Fahrtrichtung und die Ruder sind fest mit dem Boot verbunden. Bei Paddelbooten schaust du in Fahrtrichtung und kannst die Aussicht genießen. Aber aufgepasst: Nicht das Paddel verlieren! Zwei typische Paddelboote sind das Kajak und der Kanadier. Im Kajak sitzt du und bewegst ein Doppelpaddel.

FREIZEITCAMP AGGERTALSPERRE

Derschlager Straße 4   Tel. (0 22 61) 6 65 27
51647 Gummersbach   www.freizeitcamp.de

Im Kanadier sollst du eigentlich knien, während du ein einzelnes Paddel rechts und links abwechselnd durchs Wasser ziehst. Sitzen geht aber auch, wenn du das bequemer findest.

Egal, für welches Boot du dich entscheidest: Du kannst bis zu 15 Kilometer auf der Aggertalsperre fahren. So lang ist nämlich der Weg, wenn du alle Ufer abfährst. Auf deiner Tour wirst du sehen, dass die Talsperre quasi drei „Finger" hat: Sie wird von den drei Flüssen Agger, Rengse und Genkel gespeist.

Auf dem Weg zum Steg entdeckst du einen kleinen Mitarbeiter namens Karl. So heißt der Vogelschreck, der aussieht wie ein Raubvogel. Er kümmert sich nicht um Touristen, sondern um Nilgänse, Kormorane und Kanadische Wildgänse. Karl vertreibt diese Vögel, damit du am Badestrand und auf der Liegewiese nicht in deren Häufchen trittst.

Bötchen fahren ohne Vorkenntnisse

38

Splash! Kürten, oder:
WIE SIEHT EIN SCHWARZES LOCH VON INNEN AUS?

?

Black Hole bedeutet schwarzes Loch. Der aus der Astronomie stammende Begriff bezeichnet hier im Kürtener Schwimmbad eine Röhrenrutsche für besonders mutige Schwimmbadbesucher. Traust du dich, dich in eine 72 Meter lange Wasserrutsche zu schwingen, in der es stockfinster ist? Du kannst sogar ein Wettrutschen mit deinen Geschwistern oder Freunden machen, denn es gibt eine Zeitmessanlage für das Black Hole.

Wenn du von der Rutsche ausgepowert bist oder es lieber etwas ruhiger angehen magst, kannst du dich in einem warmen Natursolebecken unter freiem Himmel treiben lassen. Ein zweites Außenbecken ist genauso warm beheizt, aber mit normalem Wasser gefüllt. Da musst du deine Muskeln schwimmend bewegen oder sie beim „Toten Mann", bei dem du auf dem Rücken liegend im Wasser schwebst, anspannen, um nicht unterzugehen.

Die große Schwimmhalle mit der hübschen Windmühle ist nicht nur Ziel der Riesenrutsche. Traust du dich zum Wasserfall und unter den Wasserpilz? Im Strömungskanal lässt du dich einfach treiben. Oder willst du versuchen, mit aller Kraft gegen die Strömung anzuschwimmen? Erstaunlich, wie viel Kraft das Wasser hat!

Am Freitagnachmittag und in den Ferien wird im Sportbecken eine große Krake zu Wasser gelassen. Na, wie viele Versuche brauchst du, um oben zu bleiben? Trotz der Griffe ist die nasse Krake ganz schön glitschig. Für die Jüngeren

SPLASH SAUNA- UND BADELAND

Broch 8   Tel. (0 22 68) 9 03 19
51515 Kürten   www.splash-kuerten.de

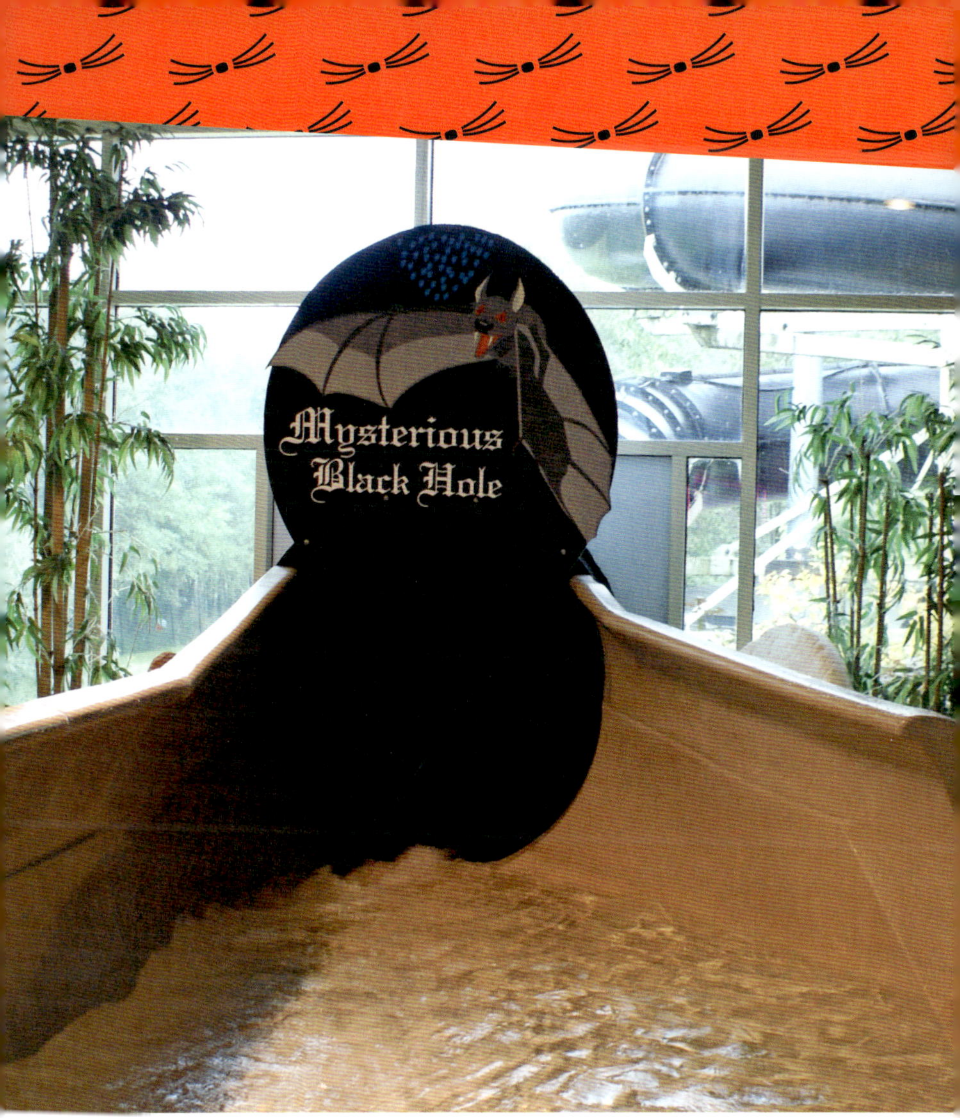
Mysterious
Black Hole

gibt es ein Kinderbecken und ein Babybecken mit Mini-Rutsche. Und der Wickelraum liegt gleich daneben. Auch draußen können die Kleinsten in einem Babybecken planschen.

Das Schwimmbad liegt herrlich im Grünen, einige Wanderwege führen daran vorbei. Manch ein Besucher wählt es als Ziel für einen Wochenendausflug mit dem Wohnmobil, denn genau hinter dem Bad befindet sich ein Wohnmobil-Stellplatz.

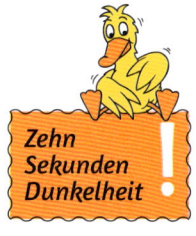

Zehn
Sekunden
Dunkelheit
!

39

GHW Klettergarten, oder: KÖNNEN FÜCHSE FLIEGEN? ?

Natürlich weißt du, dass echte Füchse nicht fliegen können. In einem Klettergarten gibt es trotzdem fliegende Füchse. Immer am Ende einer Kletterstrecke rutscht du an einer Seilrutsche zurück zum Boden. Diese Seilrutschen werden in den meisten deutschen Seilgärten Flying Foxes genannt. Das ist Englisch und bedeutet „fliegende Füchse".

So genau kann keiner sagen, warum die Seilrutschen in Deutschland so heißen. Engländer sagen nämlich eher ziplines dazu. Am besten gefällt dir vielleicht die Erklärung, dass du wie eine Fledermaus aussiehst, wenn du auf der Seilrutsche durch den Wald fliegst. Acerodon ist übrigens eine Fledermausart, die wir als „Flughunde" bezeichnen. Sie heißt auf Englisch Flying Fox und könnte der Namensgeber sein.

Im GHW Klettergarten spielen auch andere Tiere eine Rolle: Die Seilsicherung für den Kinderparcours heißt Affe und sieht fast so aus wie ein Affengesicht. Das ist eine gute Hilfe, weil du dann weißt, dass der ewig hungrige Affenmund das Sicherungsseil als Futter haben will.

Die drei Kinderparcours fangen niedrig an, gehen aber unterwegs ziemlich hoch in die Bäume. Klettern darf dort jeder über zwei Jahre und unter 150 Zentimetern, der sich eingurten und sichern lässt. Für mutige Kinder und Erwachsene gibt es drei weitere Parcours.

Wer nicht nur durch die Parcours klettern will, kann sich an der wackeligen Kletterschlange versuchen oder einen Baum mithilfe von Klettergriffen namens Tree Monkeys

Schuhe mit Profil geben besseren Halt !

info

GHW-KLETTERGARTEN
Zum Sportzentrum 17
42499 Hückeswagen

Tel. (0 21 92) 9 35 66 61
ghw-klettergarten.de

hinaufklettern. An manchen Tagen gibt es ein Wettmelken bei Liesel, der Kletterkuh, die zwischen den Bäumen hängt. Hättest du vielleicht Lust, in einer Vollmondnacht beim Nachtklettern mitzumachen? Dabei wird das Licht deiner Stirnlampe von vielen Katzenaugen gespiegelt, die du tags- über gar nicht wahrnimmst.

40

Gumbala GUMBALINO KinderLand, oder:
WIE ENTSTEHEN WELLEN OHNE WIND?

Im GUMBALINO KinderLand wirst du garantiert klatsch-nass. Du kletterst durch den Kletternetztunnel auf eine Plattform und hast die Wahl: Willst du durch eine orange Röhre wieder hinabrutschen oder über eine Hängebrücke zu einer gelben offenen Rutsche balancieren? Unterwegs feuerst du vielleicht noch aus einer der schwenkbaren Wasserkanonen.

Es gibt auch Wellen wie im Meer im GUMBALINO. Im Meer und in Seen entstehen die meisten Wellen durch die Kraft des Windes. Aber auch an windstillen Stellen können Wellen entstehen. Wenn du einen Stein ins Wasser wirfst oder selbst hineinspringst, muss das Wasser irgendwohin. So entstehen Wellen, die sich ringförmig ausbreiten.

Ziemlich genauso funktioniert der Wellen-Ball im Bade-land Gumbala. Auffällig orange ist der große Ball in dem run-den Becken, das der Strömungskanal umfließt. Der Ball wird von einem Motor auf und ab bewegt. Taucht er tiefer ins Was-ser, verdrängt er mehr Wasser, das dann als Wellen auf dich zu schwappt. Das ist ein gutes Training für den nächsten Urlaub am Meer: Du bewegst dich immer sicherer in den Wellen. Ein riesiges Vergnügen!

Gleich nebenan endet die 34 Meter lange Reifenrutsche im Erlebnisbecken. Gegenüber gibt es ein kleines Babybecken mit Rutsche, Wasserpilz und Sprühschlange für jüngere Ge-schwister.

Info

GUMBALA BADE- UND SAUNALAND
Singerbrinkstraße 31
51643 Gummersbach

Tel. (0 22 61) 78 97 96
www.gumbala.de

Solltest du am unteren Ende der Rutsche zufällig noch irgendwo am Körper trocken geblieben sein, freu dich nicht zu früh: Bestimmt steht dann oben schon jemand anderer an der Wasserkanone. Oder du gerätst unter die Dusche. Oder der gelbe Kippeimer ergießt 25 Liter Wasser über dich. Bist du ihm entkommen? Dann solltest du wissen, dass er einen großen Bruder hat: Wenn das große Wasserfass gefüllt ist und umkippt, rauschen 300 Liter Wasser auf alle, die im Kinderland stehen. Nur an den Wänden mit den Wasserspielzeugen bleibst du verschont. Aber wer will das schon? Es ist doch total lustig.

Klatsch-
nasser
Riesenspaß
!

41 Eissporthalle Wiehl, oder:
WAS MACHT DER ZWERG AUF DEM EIS?

Wenn du schon Schlittschuh laufen kannst, werden dir die Kinderspielnachmittage und die Kinder-Disco auf dem Eis in der Eissporthalle Wiehl viel Spaß machen. Anfang Dezember wagt sich sogar der Nikolaus aufs Eis. Schlittschuhe kannst du dir in der Eishalle leihen, die warme Kleidung bringst du von zu Hause mit.

Wenn du noch nie Schlittschuh gelaufen bist, ist das eine rutschige und wackelige Angelegenheit. Zum Glück gibt es die Bande, an der du dich festhalten kannst. Oder du schnappst dir deine Eltern zum Festhalten. Was natürlich nur sinnvoll ist, wenn sie besser eislaufen können als du.

In der Eissporthalle Wiehl gibt es eine dritte Möglichkeit: Du kannst dir einen der Zwerge und Pinguine aussuchen, um Halt zu finden und kannst ihn vor dir herschieben. Sie geben Sicherheit, und schon nach einigen Runden merkst du, dass du dich gar nicht mehr so fest an ihre Griffe klammerst. Für jüngere Kinder gibt es Stühle mit Kufen, in denen sie sich über die Eisfläche schieben lassen können. Gleichzeitig geben auch diese Stühle Eislaufanfängern Sicherheit..

Alle paar Stunden müssen alle Schlittschuhläufer vom Eis. Dann kommt der Eismeister mit seiner Eismaschine. Nein, auch wenn du jetzt Lust auf ein Eis bekommen solltest: Der Eismeister kann dir keins verkaufen! Er fährt mit dieser wuchtigen Maschine über die zerfurchte Eisfläche, und am Ende ist sie wieder herrlich glatt. Wie geht das denn?

Info

EISSPORTHALLE WIEHL
Mühlenstraße 23
51674 Wiehl

Tel. (0 22 62) 9 77 22
www.fsw-wiehl.de

Reibung erzeugt Wärme, auch wenn Schlittschuhe über das Eis reiben. Durch die Wärme schmilzt das Eis an diesen kleinen Stellen: Es entstehen Rillen. Der Inhalt einer Rille liegt dann irgendwo als eine Art Schnee daneben. Das Eis wird immer holpriger, je mehr Leute drüberfahren. Und auch du kannst gar nicht mehr schön gleiten. Zeit für den Eismeister: Der hobelt die Fläche mit scharfen Messern ab und sammelt den Schnee ein. Gleichzeitig läuft heißes Wasser auf die Eisfläche und wird mit Lappen gleichmäßig verteilt. Es friert sofort, und alles ist wieder schön glatt.

Die Solaranlage auf dem Dach der Eishalle wärmt das Solebad in der Wiehler Wasser Welt nebenan. In diesem neuen Kombibad kannst du nach deinem eisigen Ausflug entspannen, toben, schwimmen und rutschen.

Eiskaltes Vergnügen

42 Wuppertrail, oder:
DARF AUF BAHNGLEISEN GERADELT WERDEN?

Wenn du schon die Fahrradprüfung in der Schule bestanden hast, wirst du auf diese Frage mit Nein antworten und hast eigentlich damit recht. Aber zwischen Beyenburg und Wilhelmsthal darfst du auf einer Fahrraddraisine auf Schienen in die Pedale treten. Deshalb heißt die Draisine auch „Schienenfahrrad", denn dieses Schienenfahrzeug wird mit Muskelkraft betrieben. Du sitzt auf einem Fahrrad ohne Reifen, und die Kraft wird auf Räder übertragen, die auf den alten Bahnschienen fahren.

Gefahren wird auf Draisinen für vier, fünf oder sieben Personen. Zwei oder drei davon sitzen auf Fahrrädern, für die anderen gibt es Sitzplätze. Wenn du ungefähr 1,30 Meter groß bist, dürften deine Beine lang genug sein, um selbst in die Pedale zu treten. Es gibt sogar zwei barrierefreie Draisinen für Rollstuhlfahrer – mit einer Handfahrrad-Vorrichtung, damit die Trampler tatkräftige Unterstützung bekommen.

Zuerst wird dir kurz erklärt, was du bei der Fahrt zu beachten hast. Auch wenn die Draisinen höchstens 25 Kilometer pro Stunde fahren, musst du die Funktion der Bremsen kennen, denn der Bremsweg ist viel länger als beim normalen Fahrrad. Dann beginnt die Fahrt am Beyenburger Stausee entlang. Etwas mehr als acht Kilometer geht es durch das Tal der Wupper bis kurz vor die Staumauer der Wuppertalsperre. Die Steigungen der Bahnstrecke sind gering, nur hinter dem Bahnhof Dahlerau gerät manch einer bei vier Prozent Steigung ins Schwitzen.

info

WUPPERTRAIL E. V.
Startpunkt: Am Kriegermal,
Ecke Vor der Hardt
42399 Wuppertal-Beyenburg

Tel. (01 76) 47 54 60 82
www.wuppertrail.de

Bevor du nun denkst, die Autofahrer müssten warten, weil die Draisine angefahren kommt und am Bahnübergang ein Andreaskreuz steht: Das gilt nur für Bahnen. Bist du mit der Draisine unterwegs, hat immer der Straßenverkehr Vorrang. Damit nichts passiert, fährt auf der ersten Draisine ein Fahrtbegleiter mit, der Straßenübergänge sichert.

Unterwegs gibt es viel zu sehen: Du fährst in Dahlerau am Wülfingmuseum vorbei und siehst in Dahlhausen den Betriebsbahnhof des Vereins Wupperschiene mit einigen ziemlich reparaturbedürftigen Loks und Waggons. Der Verein kümmert sich um die Strecke und die Schienen der 1976 stillgelegten Bahnstrecke von Wuppertal über Radevormwald bis ins Sauerland.

Eine ganz besondere Bahnfahrt

Zieh dir eine lange Hose und feste Schuhe an, denn der Weg führt durch ein Naturschutzgebiet, dort wachsen Brennnesseln und andere Pflanzen zwischen den Schienen. Unterwegs siehst du Tiere, die sich nicht an den Geräuschen der Draisinen stören: Singvögel, Eidechsen, Blindschleichen. Und über allem kreist ein Mäusebussard.

43

H2O Remscheid, oder:
KANNST DU AUF DEM WASSER LAUFEN?

Natürlich kannst du nur dann einfach so auf dem Wasser laufen, wenn es zu Eis gefroren ist. Aber im Remscheider Schwimmbad gibt es Wasserlaufbälle, mit denen du das hinbekommst. Ein Mitarbeiter hilft dir in den großen Ball, verschließt ihn, und los geht's. Anfangs wirst du mehr auf deinem Po, den Händen und Knien unterwegs sein als auf deinen Füßen. Doch Übung macht den Meister – und Spaß macht es von Anfang an!

Der Ball ist nicht immer im Becken, dann wäre dort ja kein Platz mehr für die anderen Badegäste. Aber bei besonderen Veranstaltungen und in den Ferien wirst du ihn benutzen können. Du steigst in den Ball, ein Gebläse pustet Luft hinein, und wenn er prall gefüllt ist, wird schnell der Reißverschluss zugezogen. So bleibt das Wasser draußen und reichlich Atemluft für dich drinnen. Sobald der Wasserlaufball mit dem Reißverschluss geschlossen wurde, ist dieser komplett wasserdicht. So wird niemand nass, der über das Wasser läuft! Natürlich ist der Ball durchsichtig, damit du auch sehen kannst, wo du bist.

Im Erlebnisbecken hast du die Wahl zwischen einer Hängebrücke, einer 20 Meter langen Röhrenrutsche, einer 60 Meter langen Reifenrutsche und einer steilen Doppelrutsche, auf der du dir mit Freunden Wettrennen liefern kannst, wenn ihr dort nebeneinander hinuntersaust.

Der Geysir sprudelt fast so wie die Geysire auf Island: in regelmäßigen Abständen wird Wasser in einer hohen Fontäne in die Luft ausgestoßen. Doch auf Island kann man

Info

H2O BADEPARADIES
Hackenberger Straße 109
42897 Remscheid

Tel. (0 21 91) 16 41 42
www.h2o-badeparadies.de

bestimmt nicht mit Kurbelbooten um die Wasserfontäne fahren. Wer sonst nur Tret-, Ruder- und Paddelboote kennt, wird in den ersten Minuten das Lenken üben müssen. Es gibt nämlich weder Lenkrad noch Ruder. Die Richtung wird geändert, indem du auf einer Seite stärker als auf der anderen kurbelst.

Viel Spaß macht das Schwimmen im Solebecken. Sole ist Salzwasser. Weil dies schwerer ist als normales Wasser, hast du das Gefühl, leichter zu sein. Wer noch nicht sehr gut schwimmen kann, freut sich gerade im Solebecken über bessere Erfolge. Dein Seepferdchen und andere Schwimmprüfungen musst du im normalen Schwimmbecken ablegen. Der Schwimmmeister muss ja sicher sein, dass du dich wirklich allein über Wasser halten kannst.

Das Außenbecken ist beheizt

44

Bergischer Streifzug mit der Maus: Wasserweg, oder: WARUM IST WASSER SO WICHTIG?

Ein Streifzug ist eine Fahrt oder Wanderung, bei der man ein Gebiet erkundet. Wer gerne wandert, hat 24 Bergische Streifzüge zur Auswahl. Sie sind zwischen vier und 16 Kilometer lang und haben verschiedene Themen wie Wasser, Obst, Kräuter, Bier, Mühlen, Bergbau oder Waldmythen.

Sechs Streifzüge sind speziell für Familien mit Kindern entwickelt worden. Auf den Infotafeln gibt es immer einen eigenen Bereich für Kinder. Dort findest du Erklärungen mit der Maus aus der Sendung mit der Maus in leicht verständlicher Sprache und mit lustigen Zeichnungen. Der Wasserweg ist der kürzeste dieser „Mauswege". Er führt mit nur einer kleinen Steigung und vollkommen buggytauglich um die Vorsperre der Wupper-Talsperre herum.

Markiert ist der Weg mit roten Schildern, auf denen eine weiße Zwei und das Wort Wasserweg stehen. Verlaufen kannst du dich nicht, denn an jeder Weggabelung oder Kreuzung hängen diese Schilder.

Von A nach B

Direkt am Parkplatz entdeckst du die Infotafel A, auf der erklärt wird, wie Wasser genutzt wird: zum Trinken, zum Baden und für viele andere Zwecke. Nur ein paar Schritte entfernt liegt die Wupper. Dort folgst du dem Uferweg nach links. Siehst du die blaue Metallbrücke? Über sie kommst du auf dem Rückweg von der anderen Wupperseite. Auf deinem Hinweg läufst du einfach an ihr vorbei.

Eine ganze Menge Tafeln sind aufgestellt voller Bilder und Erklärungen: Wasservögel, Singvögel, Fische, Frösche, Bisamratten, Insekten und jede Menge anderer Tiere am und im Fluss werden vorgestellt. Du siehst auch, wie die Wupper-Talsperre gebaut ist. Wenn nicht allzu viele Wanderer und Jogger unterwegs sind, hörst du an der Tafel mit den Singvögeln tatsächlich ganz viele verschiedene Vogelstimmen durcheinander zwitschern.

Die Station B des Wasserwegs steht an der Kläranlage von Hückeswagen. Hier wird erklärt, wie man das schmutzige Wasser reinigt. Wenn du es genauer wissen willst, machst du kurz vor der Station B einen kleinen Abstecher am Zaun der Kläranlage entlang und findest am Zufahrtstor der Anlage Tafeln mit erklärenden Zeichnungen: Jetzt weißt du, wie die Abwasserreinigung und die Schlammbehandlung in einer Kläranlage funktionieren! Achte auch auf die Zahlen in dem Mauskasten unseres Rundwegs. Das ist ganz schön viel, was jeder Mensch in Deutschland durchschnittlich an Wasser

Seit 1989 wird hier Wasser gestaut

verbraucht: 126 Liter pro Tag. Und davon trinkt er gerade mal zwei bis vier Liter. Der Rest wird zum Kochen, Baden, Putzen, Spülen … benötigt.

Die einzige Steigung auf dieser Wanderung führt bergauf zu einer T-Kreuzung. Dort folgst du dem Schotterweg nach rechts leicht bergab. Du spazierst vorbei an Infotafeln zum Wald und seinen Bewohnern und stehst dann vor der Wupper-Vorsperre zur Station C.

Gestautes Wasser

Weißt du, was eine Vorsperre ist? Manche der großen Stauseen haben nicht nur die große Staumauer, sondern einige Kilometer flussaufwärts noch eine kleinere Staumauer. Damit lassen sich der Wasserzufluss zur Hauptsperre regulieren und Verschmutzungen abfangen. Die Wupper-Talsperre hat fünf Vorsperren.

Talsperren werden aus unterschiedlichen Gründen angelegt. In manchen wird Trinkwasser gespeichert, in anderen das Betriebswasser für eine Fabrik, die viel Wasser benötigt. Die Wupper-Talsperre wurde angelegt, um die Wupper gleichmäßiger fließen zu lassen. Führt der Fluss Niedrigwasser, kann er mit dem Wasser der Talsperre aufgefüllt werden; bei Hochwasser dient der Stausee als Rückhaltebecken.

Du wanderst nun rechts über die Brücke und an deren Ende noch einmal rechts auf der anderen Uferseite zurück. Dabei lernst du an der Station D, dass Libellen zwei Flügelpaare haben und deshalb in der Luft stehen bleiben. Außerdem können sie rückwärts fliegen und viel schneller die Richtung wechseln als andere Fluginsekten

Unmittelbar hinter der Station E erreichst du wieder die blaue Brücke. Auf dieser überquerst du erneut die Wupper und hast nur noch ein paar Schritte nach links zum Startpunkt deiner Wanderung.

Vorsperre = die Sperre vor der Hauptsperre !

Info

STARTPUNKT: PARKPLATZ AM MÜHLENWEG

Ecke Ernst-Plitsch-Straße
42499 Hückeswagen

www.bergisches-wanderland.de

„Ich sehe was, was du nicht siehst!" Das Spiel hast du bestimmt schon oft gespielt. Mit kleineren Geschwistern kannst du unterwegs die ganz einfache Version spielen: Einer sucht sich einen Gegenstand aus und verrät nur die Farbe: „Ich sehe was, was du nicht siehst – und das ist blau!" Meinst du damit die Metallbrücke, deine Turnschuhe, die Infotafel mit der Maus oder die Leine des Hundes, der euch gerade entgegenkommt? Alle raten mit, und wer die richtige Antwort weiß, darf das nächste Rätsel mit einer neuen Farbe bilden.

Kennt ihr euch in der Natur etwas besser aus, beschränken sich die Fragen nicht nur auf Farben und werden etwas komplizierter:

„Ich sehe was, was du nicht siehst. Und das ist grau-weiß und rau!" – Die Birken am Wegesrand.

„Ich sehe was, was du nicht siehst. Und das fliegt weg, wenn du dagegen bläst!" – Eine Pusteblume.

„Ich rieche (!) was, was du nicht riechst. Und das stinkt nach Klo!" – Die Kläranlage.

„Ich höre (!) was, was du nicht hörst. Und das knurrt!" – Dein Magen am Ende der Wanderung.

SPIEL

Welche Fragen fallen dir noch ein? Sieh dich genau um!

45

Ein künstlicher Berg in Lindlar kann dich einen ganzen Tag in Atem halten und außer Atem bringen. Wenn du die 360 Stufen zum Gipfel hinaufgestiegen bist, kannst du einmalige Fernblicke genießen und auf Bodentrampolinen hüpfen. Du hast aber schon auf dem Weg zum Gipfel schnell erkannt, dass du auf einen Deponiekegel, also auf eine ehemalige Müllhalde, steigst.

Der ungewöhnliche Name gehört zu einem ebenso ungewöhnlichen Ort. Metabolismus ist der Fachbegriff für „Stoffumwandlung" oder „Stoffwechsel". Damit sind zum Beispiel alle Vorgänge in deinem Körper gemeint, bei denen aus einem Stoff ein anderer gemacht wird: Das Atmen und das Verdauen sind die wichtigsten Beispiele. Aus der Atemluft holt dein Körper Sauerstoff und aus deinem Frühstücksbutterbrot Energie: Der ursprüngliche Stoff wird verändert. Das siehst du besonders gut bei der Verdauung: Du isst und trinkst viel mehr, als du später wieder ausscheidest, weil Teile deiner Nahrung in Energie umgewandelt werden. Auch in einer Mülldeponie findet eine Stoffumwandlung statt. Bakterien, Pilze und andere Lebewesen zersetzen den Abfall. In der Folge wird der Müllberg kleiner. Kaum merklich, aber er schrumpft. Die Treppenstufen, die du hinaufsteigen kannst, sind hier deshalb nicht fest miteinander verbunden – sie sollen die Veränderungen ausgleichen können.

Du gehst an Wänden vorbei, die aus Müll bestehen, der mit hellbraunem Kleber zusammengehalten wird, und die zeigen, wie es im Inneren des Müllberges aussieht. In einem

info

PROJEKTSTANDORT :METABOLON

Entsorgungszentrum Leppe
Am Berkebach
51789 Lindlar

Tel. (08 00) 8 05 80 50
www.metabolon.de

Teil der Müllwand findest du eine Tür, die in einen dunklen Raum führt: Hier findest du Materialien wie Papier, Metall, Glas und Edelmetalle, die viel zu schade sind, um ungenutzt herumzuliegen: Mobiltelefon, Notebook, Fahrrad & Co. sollten lieber wiederverwendet werden.

Gegenüber nimmst du dir einen Laufzettel für eine Rallye aus dem Kasten. Der Kompostwurm Leppel stellt dir Fragen, die dir die Mülltonnen auf dem Weg nach oben beantworten. Aber nicht erschrecken: Eine Tonne schimpft wie ein Rohrspatz.

Wenn du oben auf dem Gipfel angekommen bist, kannst du auf einer 110 Meter langen Rutsche bergab schießen. Am Ende der Rutsche folgst du dem Energie-Lehrpfad. Noch weiter unten musst du dich entscheiden: zwischen Schilf-Labyrinth, Wasserspielplatz, Niedrigseilgarten, Pumptrack für Mountainbiker, Wanderweg und Bistro!

Abfall vermeiden ist besser als jedes Recycling

46

Weihnachtspostamt Engelskirchen, oder:
WIE VIELE SPRACHEN SPRICHT DAS CHRISTKIND?

Möchtest du Post vom Christkind bekommen?
Dann schreib ihm einen Brief nach Engelskirchen.
Du bekommst garantiert eine Antwort.
Auch, wenn deine Muttersprache nicht Deutsch ist.

Das Christkind ist ein ganz besonderes Wesen. Es hat eine ganz kurze Adresse, bekommt von Mitte November bis Mitte Dezember mehr Post als im gesamten restlichen Jahr und beantwortet jedes Jahr über 100.000 Briefe aus über 50 Ländern. Natürlich sind nicht alle Briefe aus aller Welt in Deutsch formuliert. Also antwortet das Christkind in sieben Sprachen. Beeindruckend!

Egal, ob du noch an das Christkind oder den Weihnachtsmann glaubst: Fest steht, dass jeder Brief, der an das Christkind in Engelskirchen adressiert ist, auch beantwortet wird. Das Christkind und seine 17 helfenden Engel beherrschen Deutsch, Englisch, Französisch und Spanisch. Sie antworten auch in chinesischen und taiwanesischen Schriftzeichen, außerdem in der Landessprache von Hongkong. Auch in Blindenschrift geschriebene Briefe werden beantwortet.

Die Antwortschreiben sind jedes Jahr anders gestaltet und enthalten neben einem Brief vom Christkind auch eine schöne Bastelidee. Unter den Briefeschreibern sind sogar viele Erwachsene, weil ihnen die hübsch gestalteten Briefumschläge mit weihnachtlichen Sondermarken und einem Sonderstempel so gut gefallen.

Den größten Teil der Briefeschreiber machen natürlich die Kinder aus. Sie berichten von ihren Adventsvorbereitun-

www.deutschepost.de/engelskirchen

![Das Christkind umgeben von Weihnachtsbäumen und Körben voller Briefe]

gen, legen Basteleien in den Briefumschlag, schreiben von ihren Weihnachtswünschen. Manche senden sogar selbst gereimte Gedichte mit oder stellen dem Christkind Fragen. In einem Jahr reiste der weiteste Brief von Neuseeland nach Engelskirchen! Die meisten Briefe stammen aus Deutschland und Taiwan. Andere Kinder schreiben aus Ecuador, Korea, Mexiko, Thailand und der Ukraine ans Engelskirchener Christkind.

Am dritten Adventswochenende kannst du deinen Brief persönlich abgeben. Dann triffst du das Christkind in seiner Weihnachtspostfiliale auf dem Engels-Platz in Engelskirchen und kannst es mit Fragen löchern.

Deinen Absender nicht vergessen !

Wer Post vom Christkind bekommen möchte, schreibt bitte an:

An das Christkind
51777 Engelskirchen

47

Wiehltalbahn, oder:
WAS IST EINE DONNERBÜCHSE?

Am Eisenbahnmuseum Dieringhausen fauchen alle zwei bis drei Wochen sonntags die Bergischen Löwen. Das hat aber nichts mit Großkatzen zu tun. „Bergischer Löwe" ist der Name eines Dampfzuges, der zwischen Dieringhausen und Wiehl verkehrt. Am Museum kannst du bei der Vorbereitung der Dampflokomotive zusehen und weitere Eisenbahnen bestaunen. Du kannst auch mit dem Dampfzug mitfahren.

Ein Dampfzug besteht aus einer Dampflokomotive und Personen- oder Güterwagen. Beim Bergischen Löwen zieht die Dampflok sogenannte Donnerbüchsen hinter sich her. Donnerbüchse hört sich eher nach einem Schießeisen im Wilden Westen an, hat im Bergischen Land aber gar nichts damit zu tun. Gemeint ist ein Eisenbahnwagen, der ab 1921 aus Eisen und Stahl gebaut wurde. Das war eine große Umstellung, denn vorher wurden solche Waggons zu einem großen Teil aus Holz gebaut. Die neue Bauart hörte sich auch anders an: Sie „donnerte" stark – und prompt hatte der Wagen seinen Spitznamen weg.

Schon bald, nachdem der Lokomotivführer das erste Mal Dampf gegeben hat, überquert die Bahn die Agger. Hinter Osberghausen dampft der Zug auf der Strecke der Wiehltalbahn durch das hübsche Wiehltal bis nach Wiehl. Die Fahrt dauert eine Stunde pro Strecke mit etwa einer Stunde Aufenthalt in Wiehl.

EISENBAHNMUSEUM DIERINGHAUSEN
Hohler Straße 2
51645 Gummersbach
Tel. (0 22 61) 7 75 97
www.eisenbahnmuseum-dieringhausen.de

WIEHLTALBAHN
www.wiehltalbahn.de

BERGISCHER LÖWE
Tel. (0 22 61) 7 75 97
www.loewendampf.de

In dieser Zeit geht der Lokomotivführer aber nicht gemütlich Kaffee trinken. Er muss dafür sorgen, dass die Lok auf dem Rückweg wieder die Bahn ziehen kann. Die Lok hat ja die Bahn in die eine Richtung nach Wiehl gezogen. Für den Rückweg müsste sie den Zug nun schieben, oder sie muss ans andere Ende des Zuges. Also wird sie abgekoppelt und fährt auf dem Parallelgleis zum bisherigen Zugende, das nun der Zuganfang ist. Jetzt noch Kohle zum Heizen und Wasser für den Dampf nachfüllen, schon kann es zurückgehen.

Wer mit der ersten Bahn nach Wiehl fährt und erst die zweite Bahn zurück nimmt, hat fast fünf Stunden Aufenthalt. Das reicht je nach Geschmack für einen Freibadbesuch, eine Besichtigung der Tropfsteinhöhle oder eine Tobepause auf dem Abenteuerspielplatz im Wiehlpark.

Mit Volldampf ins Wiehltal!

48

Blockhaus Eckenhagen, oder:
WIE KOMMT DER ENGEL IN DEN SCHNEE?

?

Wenn es draußen geschneit hat, hält es dich nicht mehr im Haus, oder? Prima, dann bist du im Wintersportgebiet Blockhaus-Belmicke genau richtig! Die beiden Bergischen Orte Bergneustadt-Belmicke und Reichshof-Blockhaus sind auf Rodler, Skifahrer und Schneewanderer vorbereitet.

Fahrer von Langlaufskiern mögen Belmicke gern, dort gibt es vier Loipen, das sind Strecken für Langlaufskifahrer, und einen Rodelhang. Eine Fernloipe führt bis zum Skigebiet in Hespert, wo ein Rodelhang und zwei Loipenrundkurse auf dich warten. Größer ist das Blockhaus-Gebiet. Wer weder Schlitten noch Skier dabei hat, kann sie sich im Ski- und Rodelverleih ausleihen. Skifahren und Rodeln finden auch auf einem gemeinsam genutzten Berghang statt. Sogar der Schlepplift wurde so konstruiert, dass damit sowohl Skifahrer als auch Rodler zur Bergstation gezogen werden können. Skifahren lernen kannst du in einer Skischule.

Natürlich kannst du auch ohne Ski oder Schlitten viel Spaß im Schnee haben: Hast du Lust, einen Schneemann zu bauen, vielleicht sogar mit Schneefrau, Schneekindern und Schneehund?

Während einer Schneewanderung kannst du Spuren von Wildtieren im Schnee entdecken. Erkennst du Reh, Wildschwein und Hase? Oder war es doch nur der Hund der Wanderer vor dir? Wenn du nicht sicher bist, welches Tier es war, machst du ein Foto von den Spuren und schaust zu Hause im Bestimmungsbuch oder im Internet nach.

info

BLOCKHAUS-BELMICKE
Blockhaus
51580 Reichshof

Tel. (0 22 65) 3 45 (Schneetelefon)
www.wintersport-im-bergischen.de

Willst du jetzt vielleicht die Wanderer hinter dir überraschen? Dann such dir eine unberührte Schneefläche und lass dich mit ausgebreiteten Armen nach hinten in den Schnee fallen. Nun bewegst du die Arme im Schnee hoch und runter. Lass dir beim Aufstehen helfen, um dein Kunstwerk nicht zu beschädigen. Wenn du dich umdrehst, siehst du einen Engel im Schnee. Hübsch, nicht wahr?

Winterspaß pur!

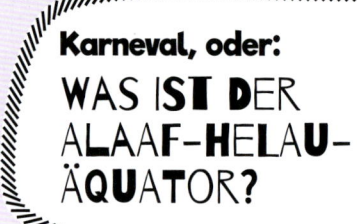

Karneval, oder:
WAS IST DER ALAAF-HELAU-ÄQUATOR?

Das gesamte Bergische Land feiert gerne Karneval. Und da es nicht weit von den rheinischen Großstädten Köln und Düsseldorf entfernt liegt, sind die meisten Karnevalsbräuche typisch rheinisch. Es gibt deshalb auch überall einen Narrenruf – so wie „Kölle Alaaf!" oder „Düsseldorf Helau!".

Wenn du in Düsseldorf „Alaaf" oder in Köln „Helau!" rufst, wirst du unter Garantie grimmig angesehen. So ist es auch in den bergischen Dörfern und Städten. Also ist es besser, du weißt, wie der örtliche Narrenruf lautet. In einer Linie, die zwischen Leverkusen und Langenfeld vom Rhein nach Nordosten führt, verläuft die Sprachgrenze für die Karnevalsrufe. Nördlich davon ist es das „Helau" der Düsseldorfer, südlich hält man sich an das Kölsche „Alaaf". So wie der Äquator die Welt in Nord- und Südhalbkugel aufteilt, so teilt der sogenannte Helau-Alaaf-Äquator das Rheinland in Nord und Süd. Das kannst du dir leicht merken: Die vier großen Städte Mettmann, Solingen, Remscheid (außer dem Stadtteil Lennep!) und Wuppertal ganz im Nordwesten liegen im Helau-Land. Wobei in Solingen oft auch „Solig, lot jon!" und in Wuppertal „Wupp-di-ka!" zu hören sind. Im gesamten restlichen, eher ländlichen Bergischen Land bist du mit „Alaaf!" besser beraten. Sogar ganz oben in Radevormwald.

Weißt du, dass man den Karneval auch „fünfte Jahreszeit" nennt? Dann ist nämlich alles anders. Die Leute verkleiden sich und ziehen selbst bei größter Kälte durch die Straßen zum Karnevalszug. Bonbons und andere Süßigkeiten regnen vom Himmel, es wird gesungen und geschunkelt.

Und der Bürgermeister muss seinen Rathausschlüssel an den Karnevalsprinzen abgeben. Ab Weiberfastnacht scheint es sechs Tage lang so, als wären alle verrückt geworden. Am Aschermittwoch ist dann alles vorbei: Die Fastenzeit beginnt. Deshalb wollen es die Menschen vorher noch einmal richtig krachen lassen. In der Fastenzeit durften die Gläubigen übrigens kein Fleisch essen. Es wird vermutet, dass das Wort „Karneval" auf den lateinischen Begriff carne vale zurückgeht. Carne heißt „Fleisch", das kennst du zum Beispiel von Chili con Carne (= Chili mit Fleisch). Und vale war ein lateinischer Abschiedsgruß wie unser heutiges „Lebe wohl!" oder „Tschüss!".

Erst feiern, dann fasten

153

49

Pflaumenkirmes in Radevormwald, oder:
WARUM HEISST DIE PFLAUMENKIRMES „PFLAUMENKIRMES"?

Jedes Jahr am dritten Wochenende im September geht es rund in Radevormwald. Auf dem Karussell, auf dem Riesenrad und auf vielen anderen Fahrgeschäften. Dazu gibt es ein abwechslungsreiches Bühnenprogramm und einen großen Trödelmarkt in der gesamten Innenstadt.

Natürlich hast du bei einer Kirmes auch Hunger. Was liegt da bei einer Pflaumenkirmes näher, als ein Stück Pflaumenkuchen zu probieren? Auch viele andere Leckereien rund um die Pflaume werden angeboten. Hm, köstlich!

Die Pflaumenkirmes gibt es schon sehr lange, im Jahr 2017 wurde bereits die 521. Pflaumenkirmes gefeiert. Alt und verstaubt ist sie aber nicht, denn jedes Jahr kommen andere Fahrgeschäfte und Buden dazu. So wird es nie langweilig.

Was ist eigentlich eine Kirmes? Das Wort hieß ursprünglich „Kirch-Messe". Damit war ein Gottesdienst gemeint, bei dem eine neue Kirche eingeweiht wurde. Die Menschen kamen von nah und fern zusammen, feierten die Einweihung und veranstalteten einen großen Jahrmarkt. Weil diese Feier allen so gut gefiel, wiederholten sie diese jedes Jahr zur gleichen Zeit. Sie feierten quasi den Geburtstag der Kirche!

In Radevormwald fand die Kirchweihe wohl im September statt, denn im September feiert man hier Kirchengeburtstag. Auch der Name der Kirmes spricht dafür: Denn

PFLAUMENKIRMES
Hohenfuhrstraße 19–21
42477 Radevormwald

eine Pflaumenkirmes wird gefeiert, wenn die Pflaumen reif sind – also im Herbst.

Weißt du, dass es viele verschiedene Namen für die Früchte gibt, die alle zu den Pflaumen gehören? Zwetschgen werden meist zu Pflaumenkuchen und Pflaumenmus verarbeitet. Sie sind blau-lila und eiförmig. Außerdem kennst du vielleicht die runden Pflaumenarten: Lecker sind die kleinen gelben Mirabellen, die mittelgroßen gelbgrünen Reineclauden und die dicken Edelpflaumen in Grün, Gelb, Rot und Blau. Sie werden im Dialekt „Prumme" genannt. Und ahnst du auch, was „Plüschprumme" sind? Das sind Pfirsiche!

Köstliche Steinfrucht, lustige Kirmes

50

Deutscher Märchenwald, oder:

WELCHE MÄRCHEN LIEBTEN EURE UROMAS UND UROPAS?

Bestimmt kennst du Schneewittchen, den Froschkönig oder Aschenputtel. Das sind Figuren aus den Märchen der Gebrüder Grimm. Die schönsten Märchen der Gebrüder Grimm kannst du dir in diesem Märchenwald ansehen, sie sind als Figuren in kleinen Häuschen oder im Wald zu sehen. Ein steiler Pfad führt in weiten Bögen durch den dichten Wald. Pass gut auf, hinter jeder Kurve könnte ein edler Prinz auf seinem weißen Pferd angetrabt kommen!

Die Brüder Jacob und Wilhelm Grimm mochten Märchen so gerne, dass sie jedes Märchen aufschrieben, das sie hörten. Im Jahr 1812 erschien eine erste Sammlung als Buch; es folgten zahlreiche weitere Sammlungen mit immer neuen Märchen. Grimms Märchen sind bei den Deutschen bis heute die beliebtesten Märchen. Schon deine Eltern, Großeltern und Urgroßeltern bekamen sie abends am Bett vorgelesen.

Wenn du im Märchenwald in Odenthal unterwegs bist, scheint es an nebeligen Tagen fast so, als würde jeden Moment der Gestiefelte Kater hinter dem nächsten Baum hervorhüpfen. Und an sonnigen Tagen glitzern die Münzen – im Wasser vor dem Froschkönigbrunnen.

Nur wer an einer bestimmten Hütte richtig laut durch den Wald ruft, wird das Rumpelstilzchen zu Gesicht bekommen. Natürlich lässt auch in diesem Zauberwald das Rapunzel sein Haar am Turm herunter. Die meisten Figuren fangen an zu sprechen, wenn ein Knopf gedrückt wird. Sie sind zum Teil herrlich altmodisch und vielleicht deshalb etwas

info

MÄRCHENWALD ALTENBERG
Märchenwaldweg 15
51519 Odenthal-Altenberg

Tel. (0 21 74) 4 04 54
www.maerchenwald-altenberg.de

gruselig. Aber so soll es bei alten Märchen sein. Märchen wurden ja früher von Erwachsenen für Erwachsene erzählt. Deshalb gibt es darin auch viele Stellen, die Kindern Angst machen können. Der Wirt aus „Tischlein deck dich" stahl den Goldesel und den Tisch. Rapunzel wurde jahrelang eingesperrt. Hänsel, Gretel, Rotkäppchen, Schneewittchen und viele andere wären fast gestorben.

Wenn es zu unheimlich wird, fällt dir bestimmt ein, dass es ja nur ein Märchen ist. Spätestens bei den niedlichen Ziegen, die gefüttert und gekrault werden wollen, hat keiner mehr Angst vor Hexen, Zauberern und bösen Stiefmüttern.

Am Wochenende findet im Restaurant ab 12 Uhr zu jeder vollen Stunde eine Vorführung der Wasserorgel statt. Unter der Woche tanzen die Fontänen jeweils um 14 und um 17 Uhr. Pünktlich zur Vorstellung verdunkelt sich der Raum. Dann ertönt klassische Musik, und aus Wasserfontänen werden tolle Figuren – herrlich bunt angeleuchtet. Und auch kleinere Geschwister im Kinderwagen können hier schon in die Märchenwelt eintauchen: Alle Stufen können mit dem Buggy auf Nebenwegen umfahren werden.

Knusper, knusper, Knäuschen !

51 Waldbeerkirmes in Forsbach, oder: WAS IST EIN SCHÜRRES-KARRENRENNEN?

Am ersten Sonntag im Juli findet die Waldbeerkirmes in Forsbach statt. Du kannst Karussells und andere Kirmesbuden ausprobieren, dich beim Torwandschießen mit anderen Kindern messen oder einem Handwerker bei der Arbeit zuschauen. Es ist ein verkaufsoffener Sonntag, du kannst sogar einkaufen gehen. Dazu spielen verschiedene Kapellen und Bands – und überall duftet es nach Waffeln, gebrannten Mandeln und Grillwürstchen. Viele der Besucher kommen aber für ein ganz besonderes Ereignis: das Schürreskarrenrennen.

„Wer jetzt bei dem Wort „Rennen" denkt, dass es darum geht, wer am schnellsten im Ziel ist, wird sich beim Zuschauen wundern. Es geht gar nicht so sehr um Geschwindigkeit. Wichtiger ist, dass das Team unfallfrei und ohne Fehler den Parcours durchläuft. Und am allerwichtigsten ist, dass die Karre den Zuschauern gut gefällt. Deshalb werden die meisten Karren eher gemütlich an dir vorbeigefahren.

Eine Schürreskarre ist eine hölzerne Schubkarre, die von den Teilnehmern, allesamt Einheimische aus Forsbach, selbst gebaut und gestaltet wird. Manche sind mit Blumen wunderschön angemalt, oft zeigen die Bilder auf den Karren aber auch Ereignisse oder Forderungen, die den Forsbacher Bürgern wichtig sind. Ja, und manchmal verkleiden sich die Teilnehmer sogar.

Schon vor dem Start werden Stimmzettel an die Kirmesbesucher verteilt. Darauf darf jeder bis zu drei Schür-

info

WALDBEERKIRMES FORSBACH
51503 Rösrath-Forsbach

![Photo of a person sitting in a wooden wheelbarrow being pushed by a man in a blue cape, with a pointed hat, at a street event]

reskarren eintragen, die ihm besonders gut gefallen. Wer die meisten Stimmen bekommt, hat das Rennen gewonnen. Wirklich wichtig ist für die Teilnehmer jedoch meist nur die Platzierung beim Schönheitswettbewerb!

Das eigentliche Rennen führt über eine abgesteckte Strecke mit Hindernissen. Gestartet wird in Zweierteams. Der Schürcher (Schieber) muss die Karre zum Beispiel über eine Wippe balancieren, ohne dass der Geschürchte (Geschobene) herunterfällt. Der Geschürchte (Geschobene) muss einen Waldbeer-Pfannkuchen essen, ohne Hände oder Besteck zu benutzen. Wundere dich also nicht, wenn die Geschürchten mit kleinen blauen Fleckchen im Gesicht an dir vorbeigeschoben werden.

Waldbeeren sind Blaubeeren, also Heidelbeeren!

Bergische Sprache, oder:
WELCHE WÖRTER HÖRST DU NUR IM BERGISCHEN LAND?

Im Bergischen Land wird Hochdeutsch gesprochen. Trotzdem gibt es auf Straßenschildern, Speisekarten und bei Gesprächen mit Einheimischen immer wieder Wörter, die du möglicherweise nicht verstehst. Manches gehört zum rheinischen Dialekt, anderes sind Begriffe für Dinge, die es so nur im Bergischen Land gibt.

Die Menschen hier stehen gerne im Wettbewerb miteinander. Sie veranstalten nicht nur Rennen aller Art mit Schubkarren, Seifenkisten, Badewannen und Drachenbooten. In Solingen treten sie auch beim Blotschenrennen mit Holzschuhen gegeneinander an, und in etlichen Orten beim Schürreskarrenrennen in bunten Holzkarren. Dabei darfst du keine „Bangböxe" (wörtlich bange Hose = Angsthase) sein.

Wenn im Oberbergischen übrigens von „Klöößchen" die Rede ist, sind keine Klöße, sondern kleine Küchenmesser gemeint. In Solingen sagt man dazu auch „Zöppken". Was wiederum nichts mit „Zoppen" zu tun hat, also mit dem Eintunken von Zwieback und Burger Brezeln in Kakao oder Kaffee.

Wo wir gerade von Essen sprechen: Beim „Panhas" landet kein Hase in der Pfanne, wie der Name vermuten lässt, sondern eine Kochwurst aus Fleischstücken, Speck, Blut und Buchweizenmehl. Also eine Art Blutwurst. Ein „Kottenbutter" ist ein belegtes Schwarzbrot mit Butter, Wurst und Zwiebelringen, das die Arbeiter früher mit zur Arbeit in die „Kotten" nahmen. So hießen die Werkstätten der Schmiede und Schleifer im Tal der Wupper und ihrer Nebenbäche, deren Maschinen mit Wasserkraft angetrieben wurden.

„Pillekuchen" gibt es nicht in der Apotheke – es sind vielmehr Kartoffelpuffer so groß wie der Pfannenboden, ähnlich wie Rösti. Nein, das sind keine Reibekuchen, denn davon passen drei in eine Pfanne und heißen im Bergischen „Rievkoche".

In Wuppertal wird kein Bergisches Platt, sondern fast Hochdeutsch gesprochen. Trotzdem hört man „watt" und „datt", und am Ende eines Satzes benutzen viele Wuppertaler das sauerländische „woll?". Im Rheinischen sagt man eher „ne?", im Süddeutschen „gell?" oder im Hochdeutschen „nicht wahr?".

Welche Worte hast du denn schon gehört oder gelesen? Und kennst du ihre Bedeutung? Die kannst du gleich in die hintere Umschlagklappe dieses Maus-Buches schreiben.

Nie mehr Sprachprobleme!

52 Lamatrekking Oberberg, oder: WIESO SPUCKEN LAMAS?

Kamele lassen sich leicht unterscheiden: Trampeltiere haben zwei Höcker und Dromedare einen. Lamas und Alpakas haben keine Höcker und sind ruhiger und kleiner. Während Lamas etwas größer sind als Alpakas, haben Letztere das weichere Fell. Auf dem Balsamhof in Oberberg kannst du den Lamas ganz nah kommen – sie begleiten dich sogar auf einer Wanderung, wenn du magst!

Auf dem Balsamhof triffst du den kleinen Alpakawallach Cyrus, die schmusige Lamastute Alegra und 20 weitere „Neuweltkamele". So nennt man Lamas und Alpakas, weil sie aus der Neuen Welt Südamerika kommen. Vor der Entdeckung Amerikas kannte man in Europa nur Trampeltiere und Dromedare. Als man merkte, dass alle vier Gattungen miteinander verwandt sind, nannte man Trampeltiere und Dromedare kurzerhand „Altweltkamele". Denn sie stammten aus der schon länger bekannten Alten Welt.

Die Balsamhofbauern Bernd und Sandra machen dich ganz behutsam mit ihren Tieren bekannt. Du sollst Tiere ohne Furcht kennenlernen, und die Tiere sollen sich nicht vor fremden Menschen fürchten. Deshalb lässt du das Kamel zuerst nur an deinem Handrücken riechen. So gibst du dem Lama quasi die Hand und sagst „Hallo!". Wenn ihr euch mögt, darfst du es auch am Hals streicheln. Der ist ganz schön lang, oder?

Wenn Sandra und Bernd das Gefühl haben, dass du mit dem Lama oder Alpaka ein gutes Team bildest, bekommt das Tier ein Halfter angelegt, an dem zwei lange Leinen

Info

LAMATREKKING OBERBERG
Oberstraße 23
51766 Engelskirchen-Hollenberg

Tel. (0 22 63) 9 03 81 60
www.lamatrekking-oberberg.de

hängen. Damit kannst du es führen, wenn ihr nun den Hof verlasst und durch die Wälder und Felder rund um das verträumte Dörfchen Hollenberg streift.

Trekking ist übrigens ein anderes Wort für „Wandern". Beim Lamatrekking wanderst du also mit einem Lama. Diese Tiere werden seit ewigen Zeiten in Südamerika als Lastentiere eingesetzt und sind es gewöhnt, lange Strecken zusammen mit einem Menschen zurückzulegen.

Wenn du deinen kamelligen Wanderpartner gut beobachtest, wirst du sehen, dass er wunderschöne Augen hat und dich bei der Wanderung beobachtet. Lamas spucken nicht aus Spaß, sondern nur, wenn sie ganz, ganz schlechte Laune haben: aus Futterneid, zur Festlegung der Rangordnung oder zur Abwehr. Wenn ihnen etwas nicht passt, warnen sie dich mehrfach: Ohren anlegen – Kopf in den Nacken legen – Rülpsen – durch die Nase pusten. Erst danach spucken sie. Also keine Sorge: Gespuckt wird nicht einfach so!

Hier triffst du Kamele ohne Höcker!

53

Sissy Kuhkuscheln, oder:
WIE SCHMUST ES SICH MIT EINEM 800 KILOGRAMM SCHWEREN TIER?

Beim Kuhkuscheln und Ochsentrekking hast du die Chance, diesen Tieren sehr nahe zu kommen und viel über Kühe zu erfahren.

Jedes Tier hat seine eigene Persönlichkeit. Vielleicht möchtest du die Ochsen Bambi und Valentino erst einmal aus der Ferne beobachten, denn sie sind ganz schön groß. Bald wirst du aber merken, dass die Kuh namens „Frau Schäfer" die Chefin innerhalb der Herde ist. Die Jungtiere sind sehr verspielt. Oder magst du den frechen Ochsen Merlin, der so gerne Schnürsenkel aufzieht?

Bei einem Besuch dieser Herde kommst du der Kuh immer näher. Mit einem kleinen Büschel frisch gezupftem Gras lässt sich die Kuh schnell davon überzeugen, dass du in freundschaftlicher Absicht da bist. Du darfst sie berühren, streicheln, bürsten oder dich ankuscheln. Dabei kannst du die Wärme und Ruhe der Kuh spüren. Fast automatisch wirst du selber auch ruhiger, denn du willst die Kuh ja nicht erschrecken.

Kaum jemand weiß, dass Kühe gerne Körperkontakt haben. Sie lieben es deshalb geradezu, wenn sie gestriegelt werden. Beim Striegeln lernt ihr einander noch besser kennen. Wenn die Kuh sich vollkommen entspannt hinlegt, kannst du dich daneben setzen. Vielleicht lässt sie es sogar zu, dass du dich anlehnst.

info

FAMILIE MELANIE ESCHMANN-ROSENTHAL

Am Kappenufer 11   Tel. (01 57) 86 91 78 09
51588 Nümbrecht-Berkenroth   www.sissykuhkuscheln.de

Kleinere Kinder dürfen sich sogar auf die Tiere setzen. Aber nur beim Kuhkuscheln. Beim Ochsentrekking muss jeder selbst laufen. Was ebenfalls beruhigend wirkt, denn das Tempo der Rinder ist total entspannt.

Beim Picknick mit Kuh gibt es selbst gebackenen Kuchen. Vegan natürlich, also ohne Fleisch, Fisch, Milch, Eier oder Honig, denn die Familie Eschmann nimmt Rücksicht auf die strengsten Tierfreunde. Aber aufgepasst! Die Ziegen neben dem Picknickplatz sind genau wie du an allen Leckereien interessiert!

Mit Ochsen wandern !

Was entdeckt die Maus bei dir vor Ort?

Bergisch Gladbach
1, 4, 33

Engelskirchen
7, 9, 17, 30, 46, 52

Ennepetal
32

Gummersbach
19, 37, 40, 47

Hückeswagen
39, 44

Kürten
38

Lindlar
16, 45

Lohmar
25

Marienheide
36

Mettmann
10

Nümbrecht
15, 53

Odenthal
1, 2, 34, 50

Radevormwald
6, 49

Reichshof
20, 22, 48

Remscheid
8, 43

Rösrath
51

Solingen
2, 3, 11, 14, 18, 21, 23, 29, 35

Waldbröl
27

Wermelskirchen
31

Wiehl
26, 28, 41

Windeck
5

Wuppertal
13, 24, 42

Bildnachweis:

Umschlag: Silhouette © Sameena Jehanzeb, Bonn

Fotos Innenteil: Ingrid Retterath, außer:

S. 31: LVR-Industriemuseum; S. 32/34: Röntgen-Museum; S. 57/63:

LVR-Freilichtmuseum; S. 59: Jens Bendig; S. 61: Jens Höhner;

S. 87 Mitte rechts: Janett Heinrich; S. 43/89/125 oben/161: Michael Rennertz;

S. 99 Fotolia © Küttner Tobias - stock.adobe.com; S. 103: Harald Barf;

S. 111: Kluterhöhle und Freizeit GmbH & Co. KG; S. 125 unten:

Kai Stefes; S. 129: Splash; S. 131: GHW GmbH; S. 133: Gumbala;

S. 135: Stadt Wiehl; S. 139: H2O; S. 145: Metabolon; S. 147: Deutsche Post;

S. 151 links Mitte u. oben: Kurverwaltung Reichshof; S. 151 links unten:

C. Bindler; S. 155: Fotolia © jeepbabes - stock.adobe.com

Impressum

Die Deutsche Nationalbibliothek verzeichnet diese Publikation in der Deutschen Nationalbibliografie; detaillierte bibliografische Daten sind im Internet über http://dnb.d-nb.de abrufbar.

© 2018 Droste Verlag GmbH, Düsseldorf
© I. Schmitt-Menzel/Friedrich Streich
WDR mediagroup GmbH
Lektorat: Heike Brillmann-Ede, Berlin
Satz und Gestaltung: Droste Verlag
Druck und Bindung: Gutenberg Beuys Feindruckerei GmbH, Langenhagen
ISBN 978-3-7700-2008-9
www.drosteverlag.de